JN441261

4판

내 손으로 구성하는
초등 과학교육

김동렬

창지사

머 리 말

교육대학교에서 예비교사들에게 과학교육학을 가르치면서 무엇이 그들에게 도움이 되며 어떻게 하는 것이 올바른 과학교육 교수법이 될 수 있는지 고민하였다. 한때는 한 번 수업 자료를 만들고 그것을 조금씩 수정해 가면서 수업을 진행하면 된다는 생각을 한 적도 있었다. 그러나 교직 경력이 26년이 넘어가는 시점에서 과학을 가르치는 교육자로서 정체성에 대해 심각한 고민을 하게 되었다. 특히 COVID-19 Pandemic에 의해 지금까지 해온 수업의 방향에 변화를 줄 수밖에 없는 상황이 되었다. 긴 시간 동안 많은 고민을 하고 가슴앓이를 하면서 내린 결론은, 교직 경력만 자랑할 것이 아니라 학습자의 입장을 고려해 새로운 것을 시도하는 도전적인 자세가 밑거름될 때 혁신적 수업이 용솟음친다는 것이다. 따라서 이번 책은 초등 과학교육 수업에 획기적인 변화를 주기 위해, 그리고 포스트 코로나(Post Corona), 뉴 노멀(New Normal) 시기의 수업에 대비하기 위해 수개월의 준비 끝에 완성되었다.

이 책의 구성에 큰 영향을 받은 드라마가 있다. '블랙독'을 시청하면서 어두운 터널을 탈출하기 위한 방법으로 스토리텔링식 수업을 적용하고 싶었다. 대학에서도 수업은 재미있어야 한다. 그렇게 하기 위해서는 예비교사들의 이야기를 듣고 그들의 이야기를 중심으로 수업을 진행해야 한다. 그러나 과학교육을 처음 접하는 예비교사들에게는 지식적 소양도 필요하다. 따라서 각 이야기 주제에 필요한 과학교육론 지식을 출발점으로 삼고, 이어서 이야기를 진행하기 위하여 이미지를 제시하고 과학교육적 관점과 함께 풀어나가도록 '내 손으로 구성하는 초등 과학교육'을 구성하였다. 또한, 예비교사들이 교사가 되기 위해서는 교육대학교에서의 학업과 함께 초등 교사 선정 경쟁시험도 치러야 한다. 따라서 수업 내용에 임용고사를 대비할 수 있는 내용이 포함된다면 그들에게는 일거양득이므로 초등 임용시험 Workshop을 통해 초등교사 임용시험 문제를 해결하도록 구성하였다. 마지막 단계로 학습하고 이야기한 내용을 바탕으로 직접 적용해 보는 적용하기 활동 단계를 두었다.

아울러, 교육대학교에서 생명과학 교재연구 및 지도법을 가르치면서 쌓아 놓았던 자료들을 이 책에 담았다. 과학교육에서의 비대면 수업에 대비하기 위해 개별활동과 조별활동의 탐구 체계를 제시하고 그에 따라 정리할 수 있는 탐구 노트를 포함하였다. 또한, 탐구 중심이 아니라 수업 모형을 적용한 생명과학 교재연구 및 지도법이 수행될 경우, 수업의 청사진 역할을 하는 과학과 수업 모형을 핵심적인 내용 위주로 설명하여 교수학습 지도안을 작성하는 데에도 도움이 되도록 하였다.

따라서 이 책은 초등 과학교육론 강의와 과학 교과교재연구 및 지도법 강의에서 별도의 유인물 없이 이 책 한 권으로 정리할 수 있도록 구성되어 있다.

특히, 이번 개정판에서는 디지털과 인공지능활용 교육, 검치호랑이 교육과정, 씨가 싹 트는 조건 탐구에 대한 이론과 실제를 반영하였다.

항상 새로운 책의 집필이 마무리될 시점에서 나는 '이 책의 내용을 더 고민하거나 추가해야 할 자료가 있는가?'에 대해 스스로 질문하고 이 질문에 만족하는 단계에서 원고를 편집자에게 전달한다. 교수자와 학습자가 이 책을 활용함으로써 과학교육 강의에서 새로운 날개를 다는 데 조금이라도 도움이 된다면 수많은 밤을 지새운 나날이 행복한 나날로 기억될 것이다.

대구교육대학교 연구실에서

2026년 2월

김동렬

차 례

내 손으로 구성하는
초등 과학교육

1부

초등 과학교육론 학습

1장 과학의 본성과 과학교육의 필요성

과학교육은 과학을 주제로 교수자가 학습자를 대상으로 현상을 이해하는 것으로, 교수자 중심이든 학습자 중심이든 과학 현상을 이해해가는 과정으로 해석할 수 있다.

과학은 자연에서 발생하는 다양한 현상에 대한 지식체계와 그 현상을 이해하기 위한 탐구를 모두 포함한다.

과학(科學)의 한자를 풀어보면 '나누어진 학문'이지만 과학은 자연과 관련된 모든 학문에 대한 지식을 탐구해서 알아가는 과정으로 해석할 수 있다. 자연과 관련된 학문으로 예전부터 물리학, 화학, 생명과학, 지구과학으로 나누어 접근하였으나 최근에는 획일적으로 나누는 것에 대해 비판하면서 통합과학적 접근이 강조되고 있다. 더불어 과학 외에 기술, 공학, 예술, 수학이 융합된 형태로 융합인재 양성을 위한 학문적 접근을 중요시하고 있다. 이러한 융합에 중심축을 이루는 것이 과학이다. 이러한 과학의 의미와 함께 과학의 본성은 다양한 사실로부터 규칙성을 찾는 일반화, 관찰을 통한 경험 중시, 분석과 해석을 통한 관찰 결과 정리, 현재의 과학 모델은 절대적인 진리를 의미하지 않는 잠정성, 과학 현상을 표상적으로 나타내는 모형화, 다른 학문과의 의존적 관계인 간학문성 등으로 이야기할 수 있다. 이를 바탕으로 과학적 활동 시 고려해야 할 것은, 과학은 권위와 권위주의를 거부하고, 정직하며, 초자연적인 설명을 거부한다. 과학은 절대적인 진리라는 것에 회의적이며, 간결하고 일관성을 추구한다는 점이다.

과학교육의 필요성은 무엇보다도 과학적 소양(Scientific Literacy)을 기르는 데 있다고 볼 수 있다.

과학적 소양은 과학과 관련된 다양한 학문적 지식과 이를 탐구하는 자세에 기반을 둔다. 또한, 더불어 사는 사회에 활용 가능한 지식, 역량, 의사소통 능력을 바탕으로 평상시 발생하는 문제를 해결해 가는 능력을 의미한다.

2019 미래형 과학교육표준안에서는 과학적 소양의 의미를 새롭게 구축하기 위한 '과학적 소양 나무(Tree of Scientific Literacy, ToSL) 모형'을 제시하고 있다. 이 모형의 세 뿌리는 과학적 소양의 세 가지 차원(dimension), 즉 역량 차원(competence dimension), 지식 차원(knowledge dimension), 참여와 실천 차원(participation & action dimension)을 가리킨다(한국과학창의재단, 2019). 과학적 소양은 역량과 지식 그리고 참여와 실천이 함께 어우러질 때 완성된다는 의미이다. 그러나 이러한 기능의 과학적 소양이 사회에 적응해 가기 위한 한 요소로서의 작용으로 너무 치우칠 경우 과학 본연의 의미를 잃을 가능성이 크다. 즉, 미래형 과학적 소양이라고 해서 새로운 것을 추가하고 변화만 줄 것이 아니라 과학의 본연의 색깔을 잃지 않고 유지해야 한다. 미래형 과학적 소양을 바탕으로 한 과학 노벨상의 탄생도 중요하지만 그러한 노벨상이 탄생하기까지의 과정적 측면을 유심히 들여다보아야 한다.

한편, 과학교육의 필요성은 다음 3가지 관점으로 이야기할 수 있는데, 이는 곧 과학적 소양 함양과 연관 지을 수 있다.

첫째, 자연 현상의 이해를 돕는다. 우리는 삶에는 자연을 빼놓을 수 없는 상태이다. 우리가 곧 자연 속에서 공존하고 있으며 이러한 공존을 위해서는 자연 현상을 이해해야 하는데, 과학이 그 기초적 정보를 제공해 준다. 또한, 인류의 발전을 위해 자연을 이해하는 과정적 측면을 제공하는 것이 과학이다.

둘째, 인류의 번영을 위한 아이디어를 제공한다. 우리는 과학자들이 개발하고 발견한 것을 우리 생활에 잘 이용하고 있다. 항생제가 만들어지지 않았다면 우리의 수명은 짧아졌을 것이며 식량문제와 환경문제 해결책을 제시하는 것도 과학이 먼저 작용한다. 첨단 기술과 정보·통신, 새로운 물질 개발, 인간의 건강은 기본적으로 과학적 개념을 배워야 올바른 방향으로 발전할 수 있다. 대체에너지, 기후변화, 인류가 직면하고 있는 문제는 과학을 통해 해결책을 찾을 수 있다.

셋째, 올바른 의사결정을 위해 필요한 지식을 제공한다. 의사결정을 하고 상호 대화가 유지되기 위해서는 과학적 지식이 필요하다. 이러한 기본적 지식과 정보를 제공하는 것에 과학이 기초가 된다. 사회 현상의 이해와 더욱 발전된 방향으로 나아가기 위해서는 과학의 역할이 중요하다. 즉, 사회 현상을 이해하기 위해서는 과학적 지식이 기본이 되어야 한다는 것이다. 과학적 탐구방법은 민주시민 사회에서 합리적인 의사결정을 하는 데 도움이 되며, 과학적 창의성은 사회에 도움이 되는 새로운 해결책을 제시한다.

무엇보다도 과학교사는 학생들이 과학교육을 통해 과학적 소양을 갖추도록 하기 위해서는 과학교육을 어떻게 접근해야 할지에 대해 다음 다섯 가지를 염두에 두어야 한다.

첫째, 어떻게 가르칠 것인가? 과학교사는 암기학습보다는 재미있는 수업전략을 통해 오래 기억에 남을 수 있도록 해야 한다.

둘째, 초등 교사는 과학을 얼마나 많이 알아야 하는가? 과학교사는 매일 같이 쏟아지는 지식을 다 받아들이고 이를 전달할 수 없다. 교사는 지식을 전달하는 것에 초점을 둘 것이 아니라 가르치는 방법에 초점을 두고 연구해야 한다. 즉, 교사는 알고 있는 지식보다 교사가 수업 내에서 무엇을 어떻게 하느냐가 더 중요하다.

셋째, 초등 과학교사는 학생들의 생각을 어떻게 받아들여야 하는가? 과학교사는 옳고 그른 것이라고 평가할 것이 아니라, 학생들이 왜 그런 대답을 하는지 그 이유를 듣는 것이 중요하다. 과학에서는 옳고 그르다고 평가할 수 없는 현상들이 많다.

넷째, 과학을 행할 때 무엇을 해야 하는가? 과학을 행한다는 것은 탐구한다는 것을 의미한다. 따라서 과학교사는 과학교육에서 탐구를 기본적인 전략으로 적용해야 한다.

다섯째, 발문을 어떻게 해야 할까? 과학교사는 정답을 확인하는 질문보다는 학생들의 생각을 듣는 발문 중심으로 수업을 진행해야 하며, 발문 후에는 학생들의 답변을 듣기 위해 최소 15초는 기다려 주어야 한다.

이론 정리하기

이론	보충하기

■ 과학의 본성

- 일반화
- 경험 중시
- 분석 및 해석
- 잠정성
- 모형화
- 간학문성

■ 과학적 활동의 특성

1. 과학은 권위와 권위주의를 거부한다.
2. 과학은 정직하다.
3. 과학은 초자연적인 설명을 거부한다.
4. 과학은 절대적 진리를 획득하는 것이 가능하다는 개념에 대해 회의적이며 이를 거부한다.
5. 과학은 간결하다(less but better=양보다 질).
6. 과학은 일관성을 추구한다.
7. 과학적 관찰은 완전히 객관적일 수 없으며, 기존의 이론이나 배경지식이 관찰을 해석하는 데 영향을 미친다.

■ 과학적 소양

"과학적 소양 나무(Tree of Scientific Literacy, ToSL) 모형"의 세 뿌리는 과학적 소양의 세 가지 차원(dimension), 즉 역량 차원(competence dimension), 지식 차원(knowledge dimension), 참여와 실천 차원(participation & action dimension)을 가리킨다. 과학적 소양은 역량과 지식 그리고 참여와 실천이 함께 어우러질 때 완성된다는 의미이다.

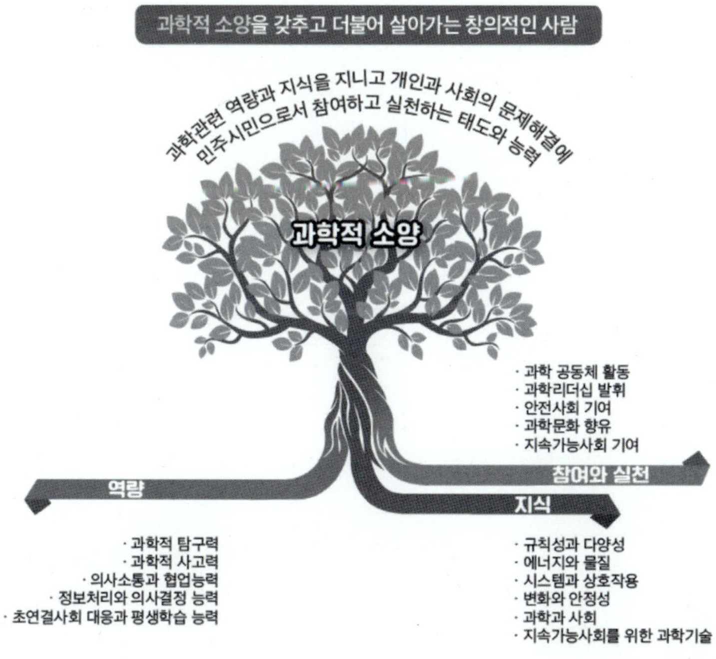

미래세대 과학교육표준안(한국과학창의재단, 2019)

초등 과학 수업 「Contents Box」: 수업 설계 아이디어		
학습자료 콘텐츠	**학생활동 콘텐츠**	**에듀테크 콘텐츠**
□ 사진, 그림, 영상 □ 기사, 도표, 문헌 □ 모형, 실물 자료 □ 그 외 ( )	□ 토의 · 토론 □ 실험 · 실습 □ 프로젝트 □ 그 외 ( )	□ AI 도구(Wrtn 등) □ 실감형 도구(AR · VR) □ 협업형 도구(Canva 등) □ 그 외 ( )

초등 임용시험 「Workshop」: 함께 해결하며 전략 연습하기				
분석하기	➤	적용하기	➤	표현하기

적용하기

<table>
<tr><td rowspan="2">주제</td><td colspan="3" rowspan="2">초등교사는 과학교육에서 과연 어떠한 점들을 염두해야 하는가?</td><td>학번</td><td></td></tr>
<tr><td>이름</td><td></td></tr>
<tr><td rowspan="3">탐구 과정</td><td rowspan="3">관찰, 측정, 추리, 의사소통</td><td rowspan="3">과학적 소양</td><td colspan="2">역량</td><td>과학적 탐구력</td></tr>
<tr><td colspan="2">지식</td><td>규칙성과 다양성</td></tr>
<tr><td colspan="2">참여와 실천</td><td>과학 공동체 활동
과학문화 향유</td></tr>
</table>

확인	

2장 과학과 교육과정

우리나라 교육과정은 일정 간격을 두고 개정되어 오다가 2007년부터는 수시교육 과정으로 바뀌면서 현재 2022 개정 교육과정까지 오게 되었다. 과학과 교육과정은 과학의 발전과 교육 사조, 시대적 흐름에 따라 교육과정이 변화하고 강조되는 부분이 달라진다. 즉, 추구하는 인간상은 시대의 흐름에 따라 변한다. 그러나 교육과정이 바뀌더라도 체계는 일관성이 있으며 무엇보다도 교육의 청사진 역할을 하는 것이 교육과정이다.

우리나라 과학과 교육과정의 목표로는 정의적 관점, 탐구적 관점, 인지적 관점, STS 관점이 5차 교육과정부터 적용되어 오다가 2009 개정 교육과정부터 강조된 융합교육을 위한 STEAM 교육이 현장에 중요하게 다루어지고 있다. 2015 개정 교육과정에서는 과학학습의 즐거움과 과학의 유용성을 인식하여 평생학습 능력을 기르고자 하는 평생학습 관점이 추가되었다. 또한, 2022 개정 교육과정에서는 공동체 의식을 바탕으로 지속 가능한 삶을 살아가는 데 필요한 생명(자연)과 같이 살아가는 태도를 기르기 위한 생태전환교육과 디지털 기초를 바탕으로 한 정보화 교육이 강조되었다.

국가교육과정 정보센터(ncic.re.kr)에서 우리나라 교육과정과 외국 교육과정을 살펴볼 수 있다. 교육과정은 성격, 목표, 내용 체계 및 성취기준, 교수학습 및 평가의 방향 등의 내용으로 구성되어 있다.

한편, 2007 개정 과학과 교육과정부터 적용된 자유탐구는 과학의 본성을 달성하기 위한 대표적인 과학 탐구방법으로서, 자기 주도적 탐구능력 배양, 협동심 배양, 실생활과 관련된 주제 탐구, 진로 탐색, 창의성 제고 등 다양한 과학 교육적 효과의 기대로 현장에서 적용해볼 만하다. 그러나 2015 개정 교육과정부터는 자유탐구가 융합 및 통합교육에 의해 단지 과학 탐구방법의 한 유형으로만 인지되고 있다는 것이 아쉬운 점이다.

영화 '죽은 시인의 사회'의 일부 장면의 대화를 유심히 살펴보면 자유탐구의 의의를 생각해 볼 수 있는 부분이 있다.

|교사의 역할|
'오 캡틴 나의 캡틴'

영화 '죽은 시인의 사회'의 한 장면에서 키딩 선생님은 교탁 위로 선뜻 올라선다. 그리고는 자신이 왜 이곳에 올라 서 있는지를 학생들에게 묻는다.

학생: 키가 커 보이고 싶어서요.

키딩선생님: [I stand upon my desk to remind myself that we must constantly look at things in a different way] 나는 끊임없이 사물을 다른 각도에서 보아야 한다는 걸 잊지 않으려고 책상 위에 서 있는 거야. 여기선 세상이 달라 보인다. 믿어지지 않겠지만 직접 와서 봐라. 어떤 사실을 안다고 생각할 때 다른 각도에서 보아라. 비록 바보같이 보일지라도 시도해 보라. 책을 읽을 때 저자의 생각보다 너희들의 생각을 중요시 여겨라. 너희들의 소리를 찾아라. 과감하게 부딪쳐 새로운 세계를 보라.

그는 교탁 위를 한 명씩 오르내리고 있는 학생들에게 계속 안내한다.

키딩선생님: 그렇게 물러나지 마라. 가장자리만 빙빙 돌지 말고 주위를 둘러보라.

보다 더 넓은 세계를 이해하고 그 속에서 새로운 것을 발견하기 위해서 새로운 각도에서 사물을 보도록 가르치는 키딩 선생님을 보면서 한 번쯤은 학생들이 교실 밖 세상으로 눈을 돌릴 기회를 주어야 하지 않을까! 이를 통해 학생들에게 진정으로 필요한 '캡틴'이 무엇이며, '캡틴'의 역할이 무엇인지 생각해 볼 때라고 생각한다.

출처: 영화 '죽은 시인의 사회(Dead Poets Society)'(1989).

2022 개정 과학과 교육과정은 생태 소양, 민주 시민의식, 디지털 소양을 갖추고, 첨단 과학기술을 기반으로 융복합 영역을 창출하는 미래 사회에 유연하게 대응할 수 있는 과학적 소양을 갖춘 사람, 즉 '과학적 소양을 갖추고 더불어 살아가는 창의적인 사람'을 육성하는 것을 목적으로 한다. 또한 핵심 아이디어 중심으로 내용 체계를 정리하여, 단순 암기가 아닌 개념 간 연계, 탐구·과정 중심 학습, 가치·태도와의 통합적 발현을 강조한다. 예를 들어 특정 영역의 핵심 아이디어는 해당 영역에서 학생들이 탐구하고 이해해야 하는 본질적 개념을 드러내며, 그 아래에 다양한 지식·이해, 과정·기능, 가치·태도 요소들이 결합되어 제시된다.

교육과정이 바뀌더라도 강조되고 있는 것이 학습 동기유발로서, 2022 개정 과학과 교육과정에서도 교수학습 방법에서 학생의 일상생활과 학습에 필요한 민주시민의 태도 함양과 디지털 AI 소양 함양교육 강화를 위한 학습 동기유발을 강조하고 있다. 이러한 목표를 달성하기 위하여 과학 교과에서 적용되고 있는 대표적인 정의적 수업 모형은 Keller가 제안한 ARCS 모형이다. 이 모형에서 교사는 학생들이 수업에서 주의를 집중시키고, 학습자들의 장·단기간의 흥미와 학습할 내용의 관련성을 확인시키고, 학습자들에게 새로운 능력을 획득할 수 있다는 자신감을 고취해 주며, 학습과제를 성공적으로 수행한 결과에 따라서 만족감을 느끼도록 함으로써 성공적인 학습의 안내자 역할을 할 수 있다는 점에 주안점을 두고 있다. ARCS 모형은 학습자의 동기를 결정지을 수 있는 여러 가지 다양한 변인들과 그에 관련된 구체적인 전략들을 포함하고 있다. 더욱이 이러한 전략은 과학 교과에 적용되고 있는 인지적 교수학습 모형과 함께 사용될 수 있는 동기설계의 체계적 과정을 포함하고 있다.

Reigeluth(1983)는 교수학습 자료는 수업의 효과성, 효율성, 매력성의 세 가지 측면으로 고려되어야 한다고 하였다. 여기서 효과성은 수업 중에 학습자가 어느 정도 목표를 달성하느냐 하는 학업성취 수준에 의해 결정되고, 효율성은 수업 진행 과정에서 나타나는 실질적인 요소의 적절성으로서 학습목표, 수업시간, 성과 등에서 교수자와 학습자 상호 간에 기능을 의미한다. 그리고 수업의 매력성은 학습자가 수업에 얼마만큼 집중할 수 있는 전략을 제시하느냐에 관한 관점으로 관련성과 흥미도에 따라 결정된다. 그런데 이제까지 많은 학습자료가 교수 결과의 세 요소 중에서도 효과성, 효율성의 달성에만 주안점을 두고 구성되었고, 학습 동기와 관련된 매력성의 요소는 상대적으로 소홀히 취급되어 왔다. 학교 현장에서도 높은 학습결과를 바라기 위해서는 학습 동기를 높이는 것이 필수조건이나 그 중요성에 비해 경시되어 교사들은 학생들이 '무엇을', '얼마나' 배우는가에 초점을 맞춰왔을 뿐, '왜' 배우는 가에 대해서는 그다지 주의를 기울이지 않았다(김동렬 등, 2006). 그러나 이러한 '왜' 배우는가에 대한 해답을 전략적으로 접근하는 데 도움을 주는 수업 모형이 ARCS 모형이다.

ARCS 전략의 분류 기준(Keller & 송상호, 1997; 김동렬, 손연아, 문두호, 2006)

학습동기	하위요소	준 거
주의집중 (Attention) (주안점)어떻게 하면 이번 학습 경험을 자극적이고 재미있게 할 수 있을까?	A.1. 지각적 주의 환기	• 교수자료의 다양한 제시 기법 사용하기 • 비 일상적인 내용이나 사건 제시 • 구체적 예 활용하기
	A.2. 탐구적 주의 환기	• 능동적 반응 유도 • 문제해결 활동을 장려하기 • 신비감 제공
	A.3. 다양성	• 간결하고 다양한 교수 형태 사용 • 일방적 교수와 상호작용적 교수의 활용 • 교수자료의 변환 추구
관련성 (Relevance) (주안점)이번 학습경험은 어떤 측면에서 학생들에게 가치가 있을까?	R.1. 친밀성	• 친밀한 인물 혹은 사건의 활용 • 구체적이고 친숙한 그림의 활용 • 친밀한 예문 및 배경지식의 활용
	R.2. 목적지향성	• 실용성에 중점을 둔 목표제시 • 목적지향적인 학습형태 활용 • 목적의 선택가능성 부여
	R.3. 모티브 일치	• 다양한 수준의 목적 제시 • 학업성취여부의 기록매체 활용 • 협동적 상호학습상황 제시 • 비경쟁적 학습상황의 선택가능
자신감 (Confidence) (주안점)수업을 통해 학생들이 자신의 성공을 이끌어 낼 수 있도록 어떻게 도와 줄 수 있을까?	C.1. 학습요건	• 수업의 목표와 구조의 제시 • 평가기준 및 피드백 제시 • 성공학습 증거 제시 • 시험의 조건 확인
	C.2. 성공기회	• 쉬운 것에서 어려운 것으로 과제제시 • 적정수준의 난이도 유지 • 다양한 수준의 시작점 제공 • 무작위의 다양한 사건 제시 • 다양한 수준의 난이도 제공
	C.3. 학습조절	• 학습의 끝을 조절할 수 있는 기회제시 • 심화 보충 학습시 학습 조정 가능 • 심화 보충형 선책 기회 제공 • 선택가능하고 다양한 과제와 다양한 난이도 제공
만족감 (Satisfaction) (주안점)자신들의 경험이 좋았다고 느끼고 앞으로 계속 학습하고 싶도록 하기 위해 무엇을 도와주어야 할까?	S.1. 자연적 결과	• 연습문제를 통한 적용 기회 제공 • 후속 학습상황을 통한 적용기회 제공 • 모의 상황을 통한 적용 기회 제공
	S.2. 긍정적 결과	• 적절한 강화계획의 활용 • 의미 있는 강화의 제공 • 정답을 위한 보상 강조 • 외적보상의 사려 깊은 사용 • 선택적 보상체제 활용
	S.3. 공정성	• 수업목표와 내용의 일관성 유지 • 연습과 시험내용의 일치

이론 정리하기

이론	보충하기

교육과정	기간	교육목적	특징
교수요목기	1945~1955	기초능력 배양	과목명 이과, 일제 잔재 제거 노력, 홍익인간 강조, 분과주의
제1차 교육과정	1955~1963	생활중심 교육과정	일상생활 초점, 과목명 자연, 영역-기계와 연모의 작용, 자연의 이용과 보호 등
제2차 교육과정	1963~1973	생활중심 교육과정	원색삽화, 영역-생물, 천문지학, 인체, 물상
제3차 교육과정	1973~1981	탐구중심, 학문중심	관찰, 실험 등 탐구활동 강화
제4차 교육과정	1981~1987	전인교육 (학문중심 교육과정과 인본주의 교육사조 조화)	타 교과 간의 연계성 고려 시도
제5차 교육과정	1987~1992	STS	모든 이를 위한 과학, 실험관찰 책
제6차 교육과정	1992-1997	지방 분권형 교육과정	공통과학, 학습 동기 강조
제7차 교육과정	1997~2007	수준별 교육과정	과목명 과학, 수준별 수업, 세계화 정보화 시대를 주도하는 신교육체계 수립
2007 개정 교육과정	2010(초3)	과학적 소양 강화 교육과정	자유탐구, 과학 글쓰기, 창의성 신장
2009 개정 교육과정	2014(초3)	융합교육 과정	학년군, 교과군, 집중이수제, STEAM, 창의인성 강조
2015 개정 교육과정	2018(초3)	통합교육 과정	평생학습능력, 통합 단원(물의 여행, 에너지와 생활), 교과 역량, 과정 중심 평가
2022 개정 교육과정	2025(초3)	디지털 · 인공지능 기초 소양 함양 학생 맞춤형 교육	생태전환교육 강화, 지역의 특성을 반영한 교육과정 확대, 내용 체계 범주(지식이해, 과정기능, 가치태도), 핵심 아이디어를 중심으로 내용 체계 구성, 과학과 사회 내용체계 추가됨, 디지털·AI 소양 함양교육, 초등 선택과목 도입, 진로연계학기 도입

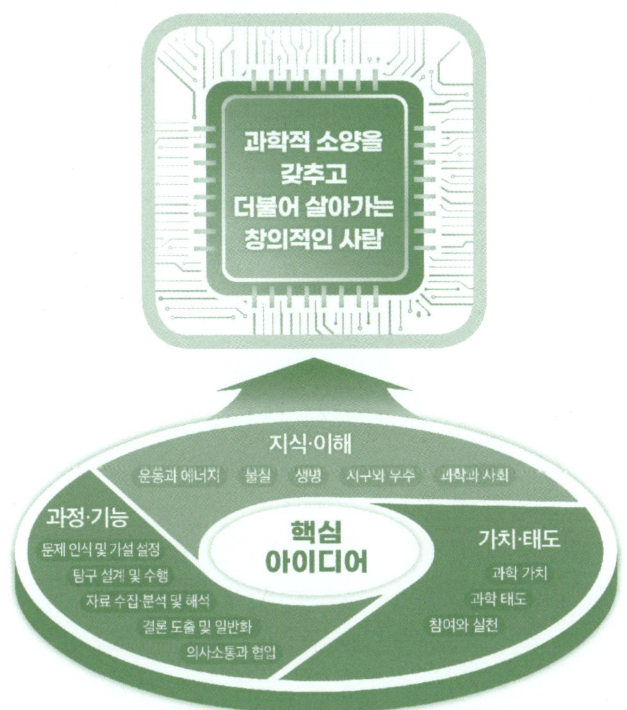

2022 개정 과학과 교육과정 개요(교육부, 2022)

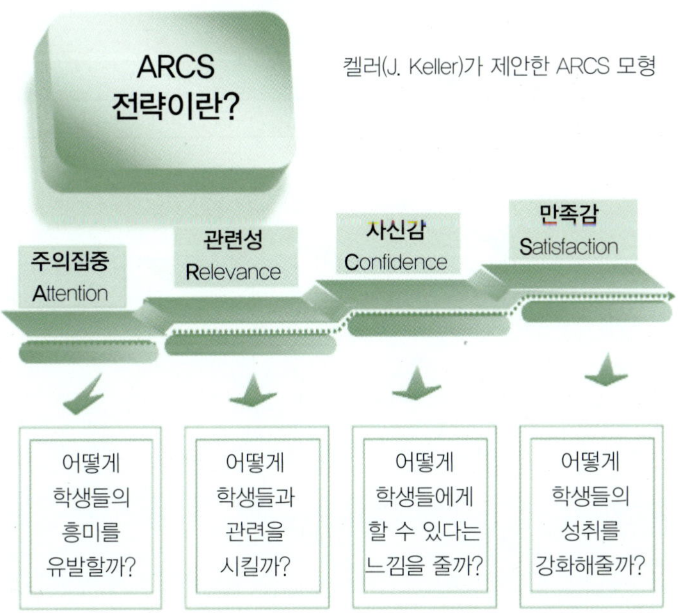

켈러(J. Keller)가 제안한 ARCS 모형

초등 과학 수업「Contents Box」: 수업 설계 아이디어		
학습자료 콘텐츠	**학생활동 콘텐츠**	**에듀테크 콘텐츠**
□ 사진, 그림, 영상 □ 기사, 도표, 문헌 □ 모형, 실물 자료 □ 그 외 ( )	□ 토의 · 토론 □ 실험 · 실습 □ 프로젝트 □ 그 외 ( )	□ AI 도구(Wrtn 등) □ 실감형 도구(AR · VR) □ 협업형 도구(Canva 등) □ 그 외 ( )

초등 임용시험「Workshop」: 함께 해결하며 전략 연습하기				
분석하기	➤	적용하기	➤	표현하기

적용하기

<table>
<tr><td rowspan="2">주제</td><td colspan="3" rowspan="2">2년 후 내 교실에서 학습 동기 유발 모형을 적용한다면</td><td>학번</td><td></td></tr>
<tr><td>이름</td><td></td></tr>
<tr><td rowspan="3">탐구 과정</td><td rowspan="3">예상, 관찰, 측정, 의사소통</td><td rowspan="3">과학적 소양</td><td>역량</td><td colspan="2">과학적 사고력</td></tr>
<tr><td>지식</td><td colspan="2">시스템과 상호작용</td></tr>
<tr><td>참여와 실천</td><td colspan="2">과학 리더십 발휘</td></tr>
</table>

확인	

3장
기초 탐구 과정

과학적 탐구는 일반 탐구와 달리 과학자들이 자연 현상을 발견하고 이를 법칙화하기까지의 전 과정을 포함하는 것으로 증거를 기반으로 하는 과학의 과정을 의미한다. 이러한 과학적 탐구를 적용한 수업의 특징을 미국의 과학 교육 표준(NRC, 2000)에서는 다음과 같이 제시하고 있다.

첫째, 학습자의 자연 현상에 의문을 품고 과학적인 문제를 다룬다.
둘째, 학습자는 과학적 문제를 해결하기 위해 증거를 수집한다.
셋째, 학습자는 증거를 바탕으로 설명을 한다.
넷째, 학습자는 과학적 지식과 비교하여 도출한 설명이 맞는지 평가한다.
다섯째, 학습자는 자신의 설명을 정당화하기 위해 의사소통한다.

한편, 이러한 효과적인 과학적 탐구 수업을 진행하기 위해서는 과학 탐구 기능이 반영되어야 한다. 과학 탐구에서 일반적으로 적용되는 기능을 탐구 과정 기능(process skills) 혹은 간단하게 탐구 과정이라고 한다. 1960년대 미국의 초등학교 과학 교육 프로그램 중 하나인 사파(SAPA;

Science-A Process Approach)에서 탐구 과정 기능을 사용하였고 크게 기초 탐구 과정 기능과 통합 탐구 과정 기능으로 나누었다.

우리나라 과학과 교육과정에서는 3~4학년에서는 기초 탐구 과정 기능이 적용된 탐구 활동을 하고 있으며, 5~6학년에서는 통합 탐구 과정 기능이 적용된 탐구 활동을 하고 있다. 과학 교과서의 탐구 활동을 분석해보면, 이러한 탐구 과정 기능으로 활동이 구성되어 있으며 활동의 제목 아래 부분에는 어떠한 탐구 과정 기능이 적용되어 있는지 작은 아이콘으로 표시해 놓고 있다.

기초 탐구 과정 기능으로는 관찰, 측정, 예상, 추리, 분류, 의사소통이 있으며 탐구 활동에서는 한 가지 기능만 적용되는 것이 아니라 여러 기능이 포함되어 적용되고 있으며 어떤 기능을 반드시 먼저 해야 하는 것은 없다.

실제 이러한 탐구 과정 기능을 적용하는 탐구 활동은 과학적인 현상을 탐구하는 것이어야 하며 단순히 한국 동전과 외국 동전을 분류하거나 하나의 물건을 관찰하는 것만으로 제대로 탐구 과정 기능을 적용하고 있다고 평가할 수 없다.

이러한 기초 탐구 과정을 적용한 과학과의 대표적인 수업 방법이 POE 수업 방법이다. 즉, 탐구하게 될 현상의 결과에 대한 '예상(Prediction)', 탐구한 사실에 관해 서술하는 '관찰(Observation)', 예상과 관찰 사이의 갈등을 해결하는 '설명(Explanation)'의 3단계로 구성된 전형적인 과학 과정 중심 수업 방법이다(White & Gunstone, 1992). 특히, POE 수업 방법은 기초 탐구 과정을 바탕으로 한 실험 보고서 작성에도 유용하게 활용될 수 있으므로 과학 글쓰기 활동에도 적합하다. 과학 글쓰기 활동에서 이 수업 방법을 적용하고자 할 때는 마지막 단계에서 P, O, E 단계에 따라 얻은 결과를 바탕으로 해결할 수 있는 과학 글쓰기 문제를 제시하는 것도 좋다.

이론 정리하기

이론	보충하기

■ 기초 탐구 과정

- 관찰: 오감을 이용하여 자료와 정보를 수집하는 활동으로, 예상이나 추리, 주관적 느낌, 이미 알고 있는 사실을 기록하는 것은 관찰이 아니다. 관찰의 유형은 감각기관의 종류, 조작 여부, 정량화의 여부, 대상의 전체성, 대상의 수로 나뉜다(권용주 등, 2005).
- 측정: 측정 도구를 사용하여 양적 자료를 수집하는 활동이다. 측정의 유형은 길이, 부피, 무게, 질량, 온도, 시간, 시각 등이 있다. 반복적인 측정으로 오차를 줄이는 것이 중요하다.
- 예상: 미래에 관찰될 것에 대한 구체적인 예측 활동이다. 예상의 유형은 관찰 또는 측정할 범위 내의 현상을 예상하는 내삽과 범위 밖의 현상을 예상하는 외삽이 있다.
- 분류: 공통적인 속성에 따라 나누어 위계적인 관계를 체계화하는 활동이다. 분류 활동에 대한 평가 기준으로는, 기준이 명확한지, 대상이 서로 중복되지 않는지, 대상을 빠뜨리지 않았는지 등이 있다. 초등학교에서는 2분법 분류 활동을 한다.
- 추리: 추리는 관찰한 것을 해석하고 설명하는 과정이다. 감각기관을 통해 인식한 경험인 관찰과 구별할 수 있어야 한다.
- 의사소통: 자기 생각을 다른 사람에게 알리는 활동이다. 의사소통 유형은 비언어적인 행위와 언어적 행위가 있다.

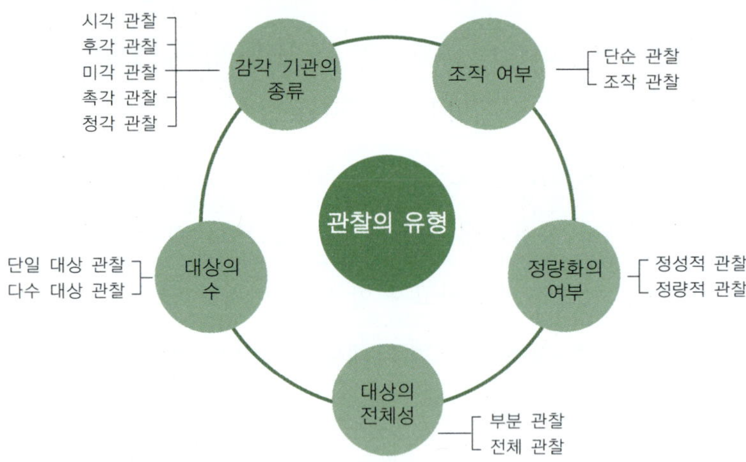

■ POE 수업 방법과 과학 글쓰기

- POE 단계: 학습 내용과 익숙한 상황을 제시하고 학습자에게 어떤 현상의 결과를 예상하게 하고, 관찰한 내용을 서술한 후, 예상과 관찰 사이의 갈등을 해결하는 설명으로 이루어진다(White & Gunstone, 1992). 탐구하게 될 현상의 결과에 대한 '예상(Prediction)', 탐구한 사실에 관해 서술하는 '관찰(Observation)', 예상과 관찰 사이의 갈등을 해결하는 '설명(Explanation)'의 3단계로 탐구 수업을 진행한다.
- 과학에서 글쓰기의 의미: 과학 글쓰기는 국어 글쓰기와 사회 글쓰기와 구별되어야 한다. 기본적으로 과학 글쓰기에는 탐구 과정 기능이 포함되어야 한다. 따라서 단순히 시 쓰기나 읽은 내용의 요약을 과학 글쓰기로 보기 어렵다. 즉, 탐구를 진행하면서 나오는 내용을 글로 적는 것이 과학 글쓰기로 볼 수 있으며, 이러한 활동이 어려울 경우 탐구 과정 기능이 포함되는 형식의 읽기 쓰기도 유용한 과학 글쓰기 활동이 될 수 있다.

초등 과학 수업「Contents Box」: 수업 설계 아이디어		
학습자료 콘텐츠	**학생활동 콘텐츠**	**에듀테크 콘텐츠**
□ 사진, 그림, 영상 □ 기사, 도표, 문헌 □ 모형, 실물 자료 □ 그 외 (　　　　)	□ 토의 · 토론 □ 실험 · 실습 □ 프로젝트 □ 그 외 (　　　　)	□ AI 도구(Wrtn 등) □ 실감형 도구(AR · VR) □ 협업형 도구(Canva 등) □ 그 외 (　　　　)

초등 임용시험「Workshop」: 함께 해결하며 전략 연습하기				
분석하기	➤	적용하기	➤	표현하기

적용하기

<table>
<tr><td rowspan="2">주제</td><td rowspan="2" colspan="3">6가지 기초탐구과정 요소를 어떻게 (무엇을) 할 수 있는가?</td><td>학번</td><td></td></tr>
<tr><td>이름</td><td></td></tr>
<tr><td rowspan="3">탐구 과정</td><td rowspan="3">예상, 관찰, 측정, 분류, 추리, 의사소통</td><td rowspan="3">과학적 소양</td><td>역량</td><td colspan="2">과학적 사고력</td></tr>
<tr><td>지식</td><td colspan="2">변화와 안정성</td></tr>
<tr><td>참여와 실천</td><td colspan="2">과학문화 향유</td></tr>
</table>

확인	

과학자는 자연 현상을 보고 문제의식을 먼저 갖는다. 이어서 문제를 해결하기 위하여 가설을 세우고 그 가설이 맞는지 확인하기 위하여 변인통제에 따른 실험을 설계하고 실험을 수행한다. 실험의 결과에 대해 해석을 하고 해석한 결과를 알아보기 쉽게 표나 그래프로 정리한다. 그리고 최종 결론을 도출한 후에 일반화를 통해 새로운 현상을 일반인에게 알리는 과정을 거친다. 통합 탐구 과정은 과학자가 하는 전형적인 실험 과정의 일환으로 문제인식부터 일반화까지 순차적으로 적용된다. 따라서 과학자다운 실험을 하고자 할 때는 통합 탐구 과정을 적용해야 하며 그 과정을 통하여 이론을 정립할 수 있다.

한편, 전통적인 과학 실험보고서에서 벗어나 새로운 실험보고서로 작성하고자 할 때, 그리고 통합 탐구 과정이 모두 포함된 형태로 실험보고서를 작성하고자 할 때는 Vee diagram을 적용해 보는 것이 좋다. Vee diagram은 Gowin에 의해 개발된 것으로 선행지식과 실험을 통해 얻는 지식을 상호작용하여 새로운 지식체계를 구축하기에 적합한 형태를 가지고 있다(Gowin & Alvarez, 2005). 또한 자신이 사전에 무엇을 알고 있었는지를 스스로 탐색하고 문제점을 해결하기 위하여 발견적으로 접근하는 방법을 취하고 있다. 따라서 여러 선행 연구에서 Vee diagram은 통합 탐구

능력 향상과 함께 발견적 탐구능력까지 향상시키는 데 도움이 되는 것으로 증명되었다. 특히, 개정 과학과 교육과정에서는 실험보고서를 통한 평가를 강조하고 있는 만큼 실험보고서로서 그리고 통합 탐구 과정을 동시에 경험할 수 있는 과학적 탐구 방법이라고 할 수 있다. 그러나 Gowin이 제시한 Vee diagram 평가 기준은 논리적, 통계학적으로 타당한 근거가 없다는 비판을 받고 있으므로 앞으로 Vee diagram을 효과적으로 현장에 활용하기 위해서는 체계적인 평가 기준이 마련되어야 한다.

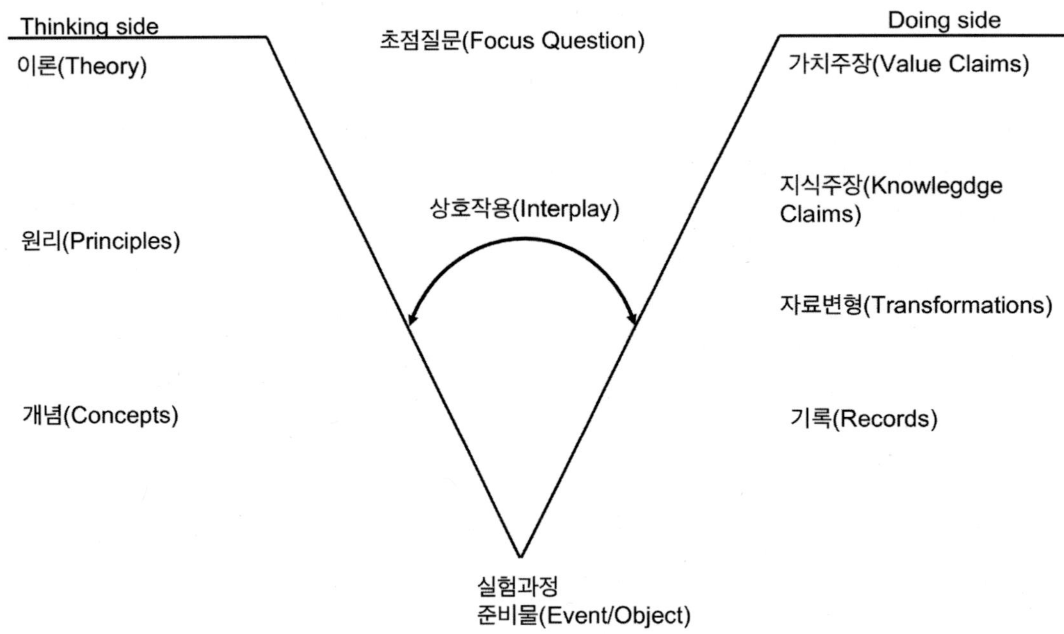

이론 정리하기

이론	보충하기

■ 통합 탐구 과정

- 문제인식: 해결해야 할 문제를 발견하거나 제시된 문제를 파악하여 탐구 주제에 대해 의문형으로 진술하는 과정이다.
- 가설설정: 잠정적인 결론으로 조작변인과 종속변인을 포함하여 진술한다.
- 변인통제: 실험에서 같게 해야 할 통제 변인과 다르게 해야 할 조작변인, 그리고 실험의 결과에 해당하는 종속변인을 고려하는 과정이다.
- 자료변환: 실험의 결과를 알아보기 쉽게 표나 그래프로 변환하는 활동이다.
- 자료해석: 수집한 자료를 분석하여 그 의미를 파악하는 활동이다.
- 결론도출: 가설에 관한 판단을 내리는 과정이면서 시행착오를 통해 얻은 최종 결과물로, 결론도출 역시 조작 변인과 종속 변인을 포함하여 진술하여야 한다.
- 일반화: 포괄적인 측면의 일반화와 가치 측면의 일반화로 나누며, 둘 중 하나만 진술해도 된다.

■ Vee diagram의 구성

단계	교수학습 활동	통합탐구 과정 요소
초점질문	• 과학 현상에 대해 궁금한 점을 의문형으로 기술한다. • 관찰한 내용 중에서 탐구를 통해 해결하고자 하는 궁금증에 해당된다.	문제인식
개념	• 궁금증을 해결하기 위해 현재 알고 있는 개념이나 앞으로 알아야 할 개념을 기록한다.	
원리	• 개념과 개념을 연결한 초점질문에 대한 잠정적인 답으로서, 추후 탐구를 통해 얻을 수 있는 결론을 기술한다.	가설설정
이론	• 원리들을 통합하는 포괄적인 문장으로 기술한다. 원리나 개념보다 더 포괄성을 가진다.	일반화 (포괄적 측면)
실험 과정/ 준비물	• 변인통제를 고려한 실제로 수행한(할) 실험 과정과 관찰 대상, 실험기구, 재료 등 준비물을 기술한다.	변인통제
기록	• 탐구한 결과에 대해 있는 그대로 기술한다. 결과 값을 자유롭게 기호나 문자, 숫자로 표현한다.	자료해석
자료변형	• 표나 그래프를 통하여 탐구 결과들을 알아보기 쉽게 정리한다.	자료변형
지식주장	• 초점질문에 대한 답으로서, 탐구의 결론에 해당된다.	결론도출
가치주장	• '탐구의 결과는 우리에게 어떠한 가치가 있는가?', '무엇을 위한 것인가?' 등에 대한 가치질문에 대해 기록한다. 탐구의 결과를 실생활 측면의 적용 가능성에 대해 기록한다.	일반화 (가치측면)

초등 과학 수업 「Contents Box」: 수업 설계 아이디어		
학습자료 콘텐츠	**학생활동 콘텐츠**	**에듀테크 콘텐츠**
□ 사진, 그림, 영상 □ 기사, 도표, 문헌 □ 모형, 실물 자료 □ 그 외 ( )	□ 토의 · 토론 □ 실험 · 실습 □ 프로젝트 □ 그 외 ( )	□ AI 도구(Wrtn 등) □ 실감형 도구(AR · VR) □ 협업형 도구(Canva 등) □ 그 외 ( )

초등 임용시험 「Workshop」: 함께 해결하며 전략 연습하기				
분석하기	➤	적용하기	➤	표현하기

적용하기

<table>
<tr><td>주제</td><td colspan="3" rowspan="2">탐구 내용을 Vee diagram에 정리하시오.</td><td>학번</td><td></td></tr>
<tr><td></td><td>이름</td><td></td></tr>
<tr><td rowspan="3">탐구 과정</td><td rowspan="3">문제인식, 가설설정, 변인통제,
자료변환, 자료해석, 결론도출, 일반화</td><td rowspan="3">과학적 소양</td><td>역량</td><td colspan="2">과학적 탐구력</td></tr>
<tr><td>지식</td><td colspan="2">에너지와 물질</td></tr>
<tr><td>참여와 실천</td><td colspan="2">과학 공동체 활동</td></tr>
</table>

확인	

5장

구성주의 학습과 구성주의 학습 모형

구성주의에서는 학습자는 제각기 자신만의 지식을 구성해 나가는 것을 인정하며 학습자의 기존 정보와 새로운 정보의 결합에 의한 자신만의 지식체계를 구성해 나가는 것을 선호한다. 예전에는 스스로의 지식 구성을 중시하였으나 최근에는 지식은 학습자가 주체가 되어 구성해 나가나 단독으로 지식을 형성하는 것이 아니라 상호 협력으로 새로운 지식 체계가 형성되는 과정을 중시한다. 즉, 구성주의 학습은 사회적 맥락에서 이루어지며 그 사회 속 구성원들의 다양한 영향들에 의해 지식을 형성해 가는 과정을 의미한다. 주변의 영향에 의해서 하나의 지식적 개념에 대해서도 다양한 관점이 도출될 수 있으며, 단 하나의 유형을 구축하는 객관적 지식보다는 다양성을 추구하는 상대주의적 인식론에 기반을 두고 있다.

구성주의 학습에서 학습자는 능동적 아이디어 생산자이다. 교사는 학습자가 이전의 정보를 어떻게 구성하였는지에 대해 발문을 통해 기존 생각을 끌어내고 탐구를 통하여 학습자와 교사가 상호작용하여 아이디어를 재구성하는 데 도움을 주어야 한다. 즉, 아이디어 생산을 위한 촉진자이자 안내자, 동기 부여자로서의 역할을 수행한다. 학습 방법은 사회적 맥락에서 협동학습을 강조하며 그 속에서 실용적 아이디어 생산을 추구하는 교육과정으로 진행되며, 평가는 질적 평가로서 학생들의 서열을 매기는 것에 주안점을 두는 것이 아니라 자기 학습 능력 평가와 교사 자신의 교육방법

평가로서의 역할을 수행하게 된다.

구성주의 학습에서 과학은 절대적 진리를 탐구하기보다는 과학을 통하여 우리의 삶을 이해하고 더불어 사는 사회를 이해할 수 있는 데 도움을 주는 것으로 이해하고 과학 지식은 반증될 수 있는 객관성보다는 주관성으로 받아들이는 경향이 있다. 구성주의 과학 학습에서 추구하는 대표적인 교수법은 탐구와 STS를 들 수 있으며 시험 중심의 평가가 아니라 과정 중심의 평가를 선호한다. 특히, 학습자들은 탐구활동을 통하여 기존 개념에 대해 인지갈등을 겪고 그에 대해 새로운 개념을 받아들이면서 개념적 변화를 시도한다.

구성주의자는 피아제(Piaget)와 비고츠키(Vygotsky)를 들 수 있으며, 피아제는 개인적 구성주의자이자 조작적 구성주의자로서 학습자의 조작과 행동적 변화를 강조하였다. 피아제는 지식의 저장동인 노식제계(schemata)의 변화가 지식의 형성을 의미하는 것으로, 이는 동화와 조절이라는 상호 보완적 과정에 의해 이루어진다고 하였는데, 이 관점은 현재의 구성주의 학습 과정과 일맥상통한다. 피아제는 아이들의 학습계와 지식을 구성해 가는 과정 관점에서 인지발달 단계에 따라 그들의 특징을 제시하였다. 인지발달의 단계를 출생에서 시작하여 감각 운동기, 전조작기, 구체적 조작기, 형식적 조작기 단계로 진행된다고 제안하였다. 이러한 인지발달 단계 이론은 과학적 개념을 어느 때 어떤 전략으로 가르칠 것인지에 대한 기초적인 정보를 제공한다. 더불어 초등 교사들은 각 단계에서 아이들의 지적 능력과 한계를 이해하는 것이 곧 그들의 지식의 형성 과정을 이해하는 것으로 받아들일 수 있다. 비고츠키는 대표적인 사회적 구성주의자로서 학습은 사회적이고 문화적 요인에 의해 발생하며 지식의 확장은 사회적 상호작용에 기반을 둔다고 하였다. 무엇보다도 지식의 확장을 위해서는 비계를 중시하여 도움을 제공할 수 있는 유능한 사람의 존재를 중요시하였다.

구성주의 학습 모형의 대표적인 예가 Driver의 개념 변화 학습 모형이다. 1980년대 학생들의 선개념에 대해 연구가 활발하게 진행되었고, 수업 이후에도 여전히 오개념이 남아 있는 것에 대해 회의감으로 오개념을 교정할 수 있는 특수한 수업 모형의 필요성에 따라 Driver 모형이 탄생하게 되었다. Driver 개념 변화 학습 모형은 Posner의 개념 변화 조건을 바탕으로 만들어졌는데, 학생들의 오개념을 수정하기 위해서는 4가지 조건이 충족되어야 한다고 보았다(자신의 생각에 불만을 갖는다. 새로운 개념을 이해할 수 있다. 새로운 개념이 옳은(그럴듯한) 것 같다. 새로운 개념이 활용 가능성(유용성)이 있다.) 이 4가지 조건은 Driver의 개념 변화 학습 모형 단계에 그대로 적용되어 있다.

이론 정리하기

이론	보충하기

■ 구성주의 학습 과정

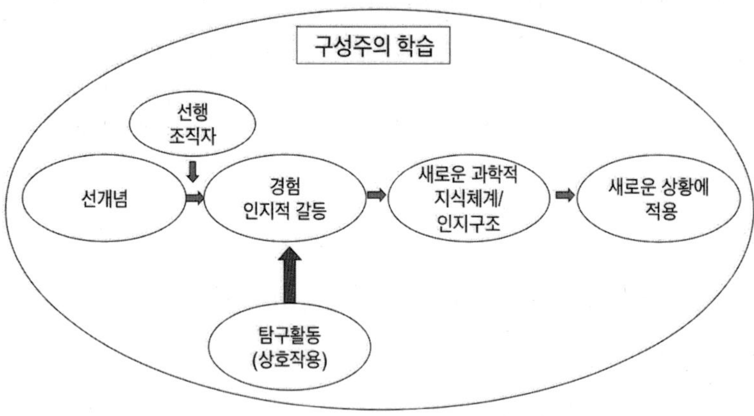

■ Driver의 개념 변화 학습 모형 단계

생각의 표현

학습 문제와 관련하여 각자의 생각을 적고 발표하도록 한다.

생각의 재구성

명료화와 교환

다른 학생들이 발표한 여러 생각을 서로 비교하여 생각의 장단점을 이야기하도록 한다.

상충된 상황에 노출

위의 과정에서 드러난 학생들의 오개념에 혼란이나 갈등을 야기할 수 있는 자료를 제시한다.(개념변화 조건: 현재의 자신의 개념에 불만족을 느껴야 한다.)

새로운 생각의 구성

학생들에게 위의 실험(자료)을 통해 변화된 생각이 있는지 생각해 볼 시간을 주고 발표하게 한다. 새로운 생각의 구성에 도움이 될 수 있는 추가자료를 제시한다.(개념변화 조건: 새로운 개념은 이해할 수 있어야 한다.)

새로운 생각의 평가

자신이 새롭게 만든 생각이 그럴 듯한 것인지 스스로 평가하게 한다.(개념변화 조건: 새로운 개념은 그럴듯해야 한다.)

생각의 응용

학생들이 자신의 새로운 생각을 바탕으로 응용해 볼 수 있도록 기회를 준다.(개념변화 조건: 새로운 개념은 유용성을 가져야 한다.)

생각의 변화 검토

처음에 자신이 가졌던 생각과 변화된 자신의 생각을 비교해 보게 한다.

생각의 변화 비교

초등 과학 수업「Contents Box」: 수업 설계 아이디어		
학습자료 콘텐츠	**학생활동 콘텐츠**	**에듀테크 콘텐츠**
□ 사진, 그림, 영상 □ 기사, 도표, 문헌 □ 모형, 실물 자료 □ 그 외 ( )	□ 토의 · 토론 □ 실험 · 실습 □ 프로젝트 □ 그 외 ( )	□ AI 도구(Wrtn 등) □ 실감형 도구(AR · VR) □ 협업형 도구(Canva 등) □ 그 외 ( )

초등 임용시험「Workshop」: 함께 해결하며 전략 연습하기				
분석하기	➤	적용하기	➤	표현하기

적용하기

<table>
<tr><td rowspan="2">주제</td><td colspan="3" rowspan="2">인지갈등을 해결해 보자.</td><td>학번</td><td></td></tr>
<tr><td>이름</td><td></td></tr>
<tr><td rowspan="3">탐구 과정</td><td rowspan="3">예상, 관찰, 추리, 의사소통</td><td rowspan="3">과학적 소양</td><td>역량</td><td colspan="2">과학적 탐구력</td></tr>
<tr><td>지식</td><td colspan="2">규칙성과 다양성</td></tr>
<tr><td>참여와 실천</td><td colspan="2">과학문화 향유</td></tr>
</table>

확인	

6장 발견 학습

어떻게 과학 수업을 설계하는 것이 학생들이 원하는 수업이며 성공적인 수업을 했다고 평가를 받을 수 있을까? 우리는 일렬로 배열된 책상에 학생들이 앉아 있고 앞쪽에는 교사가 설명하고 학생들은 책과 노트에 설명을 정리하는 형태를 전형적인 수업으로 떠올릴 것이다. 그러나 과학 수업은 타 교과와 차별화할 수 있는 수업전략이 있는데 바로 탐구이다. 탐구를 과학 수업 설계에 반영하면 정형화된 수업 형태에서 벗어날 수 있다. 또한, 성공적인 과학 수업을 위해서는 많은 과학 지식을 아는 것보다는 어떻게 가르칠 것인가에 초점을 두어야 하는데, 특히 탐구를 위해서는 학생들이 직접 의문을 던지고 과학을 직접 행하도록 하는 것이 중요하다.

발견 학습은 브루너(Bruner)에 의해 제한되었다. 브루너는 발견을 새로운 것을 찾아내기보다는 기존의 자료와 증거를 바탕으로 새로운 것을 통찰해가는 과정을 의미한다고 보았다. 브루너는 수업 이론은 학습 의욕, 지식 구조화, 학습서열, 강화를 갖추는 수업을 발견적 수업으로 보았다. 구체적으로 발견 학습이 효과적으로 이루어지기 위해서는, 첫째, 학습자의 의욕을 고취시킬 수 있는 경험을 제공해야 한다. 둘째, 지식을 과학적 탐구를 통하여 구조화해야 하며 발견된 개념들을 연결하여 체계적으로 표현할 수 있어야 한다. 셋째, 나선형 교육과정에 따라 처음에는 행동적 표현,

다음에는 영상적 표현, 그다음에서는 상징적 표현으로 양식을 달리하여 학습 내용을 반복적으로 제시함으로써 지식을 학생들의 수준에 맞게 적용되고 도출될 수 있도록 해야 한다. 이러한 형태로 반복적으로 제시됨으로써 지식은 심화될 수 있다. 넷째, 내적 보상을 유발할 수 있는 상황 마련이 중요하다.

한편, 오수벨(Ausubel)은 학습의 형태와 유의미 학습을 강조하였는데 유의미 학습의 대표적인 형태가 발견 학습이다. 오수벨은 학습의 형태를 지식이 획득되는 방식에 따라 수용 학습/발견 학습으로, 학습자가 새로운 지식을 인지구조에 결합하는 방식에 따라 기계적 학습/유의미 학습으로 나누었다. 오수벨은 학습은 유의미 학습이면서 자유 발견 학습 형태인 과학적 연구나 과학자들의 창의적 연구로 나아가야 한다고 주장하였다. 유의미 학습이 일어나기 위해서는 학생들의 사전 경험과 사후 경험을 연결할 수 있는 것이 필요한 데 그것을 선행조직자라고 하였다. 즉, 선행조직자는 이미 알고 있는 내용과 새로운 개념이나 아이디어를 통합하는 역할과 후속 학습이 자연스럽게 이어지도록 학습 초기 단계에서 수업을 조직하는 역할을 한다.

발견 학습은 학생 스스로 문제 인식을 하고 문제를 해결하기 위하여 탐구 과정을 설계하고 그 결과를 해석하는 형태의 자유 발견식을 보통 생각한다. 그러나 과학 교과에 적용되고 있는 발견 학습 모형은 우리나라의 현실에 맞게 변형된 것으로, 교사의 역할이 많이 포함된 안내된 탐구 형태이다. 안내된 탐구의 발견 학습 형태는 교육과정과 학습해야 할 범위가 정해져 있는 경우, 발견 학습의 형태를 띠면서 학생들의 발견적 경험을 제공할 수 있는 적절한 방법이다. 안내된 탐구의 발견 학습 모형은 귀납적인 방법을 바탕으로 한 것으로 '탐색 및 문제 파악', '자료 제시 및 관찰 탐색', '추가 자료 제시 및 관찰 탐색', '규칙성 발견 및 개념 정리', '적용 및 응용' 단계로 구성되어 있다.

발견 학습 모형을 적용 시 유의해야 할 점은 시간 조절, 탐구 활동의 개발 및 선정이다. 연속해서 두 번의 활동이 진행되어야 하므로 교사의 시간 조절이 중요하며, 규칙성을 끌어낼 수 있도록 적절한 탐구 활동의 개발이나 선정이 중요하다.

이론 정리하기

이론	보충하기

■ 학습 유형

	수용 학습	안내된 발견 학습	자기주도적 발견 학습
유의미 학습	개념도 작성	잘 계획된 시청각 수업	과학적 연구 과학자들의 창의적 연구
	강의 또는 대부분의 교과서 활용 수업	학교의 일반적인 실험수업	과학자들의 일상적 연구 및 지식 생성활동
암기 학습	공식 암기 개념 단순 암기	공식을 적용하여 문제 풀기	시행착오 수수께끼 풀이

Novak(1998), based on Ausubel's learning theory

■ 발견 학습 모형 단계

단계	교수학습 활동
탐색 및 문제 파악	• 교사가 다양한 학습자료를 활용하여 탐구상황을 제시하고 학생들은 탐구 문제를 파악한다. • 교사는 동기유발 자료를 통하여 문제를 제시할 수 있다.
자료 제시 및 관찰 탐색	• 문제를 해결하기 위하여 1차 탐구활동을 제시한다. 교사는 학생들이 1차 탐구활동을 할 수 있도록 기본 준비물을 제공한다.
추가 자료 제시 및 관찰 탐색	• 과학 개념과 규칙성 발견을 돕기 위하여 1차 탐구활동과 유사한 2차 탐구활동을 제시한다. • 탐구활동 내용은 관찰, 분류, 측정 등을 기본적으로 활용하도록 구성되어야 한다.
규칙성 발견 및 개념 정리	• 학생은 1, 2차 탐구활동에 공통으로 적용된 과학 개념과 규칙성을 발견하고 정리한다. • 학생들의 과학 개념과 규칙성 정리를 돕기 위하여 교사는 질문기법을 활용한다. • 탐구 결과를 바탕으로 일반화에 도달하고 개념은 모형과 도식화를 통해 정리할 수 있다.
적용 및 응용	• 발견한 과학 개념과 규칙성을 실생활에 적용해 볼 기회를 제공한다. • 실생활에서 사례를 찾지 못하는 경우 교사가 대표 사례를 준비하여 학생들에게 제시한다. 일단 학생들이 직접 관련 사례를 찾고 적용하는 것이 중요하다.

초등 과학 수업 「Contents Box」 : 수업 설계 아이디어		
학습자료 콘텐츠	**학생활동 콘텐츠**	**에듀테크 콘텐츠**
□ 사진, 그림, 영상 □ 기사, 도표, 문헌 □ 모형, 실물 자료 □ 그 외 (　　　　)	□ 토의 · 토론 □ 실험 · 실습 □ 프로젝트 □ 그 외 (　　　　)	□ AI 도구(Wrtn 등) □ 실감형 도구(AR · VR) □ 협업형 도구(Canva 등) □ 그 외 (　　　　)

초등 임용시험 「Workshop」 : 함께 해결하며 전략 연습하기				
분석하기	➤	적용하기	➤	표현하기

적용하기

<table>
<tr><td rowspan="2">주제</td><td colspan="3" rowspan="2">과학 개념과 규칙성을 발견해 보자.</td><td>학번</td><td></td></tr>
<tr><td>이름</td><td></td></tr>
<tr><td rowspan="3">탐구 과정</td><td rowspan="3">예상, 관찰, 측정, 추리, 의사소통</td><td rowspan="3">과학적 소양</td><td>역량</td><td colspan="2">과학적 탐구력</td></tr>
<tr><td>지식</td><td colspan="2">에너지와 물질</td></tr>
<tr><td>참여와 실천</td><td colspan="2">과학문화 향유</td></tr>
</table>

확인	

7장

개인차를 고려한 과학 수업

구성주의 교육과정에서는 학습자의 개인차를 고려하여 학습자에게 맞은 고유한 방식으로 학습이 이루어져야 한다. 따라서 현장의 환경이 허락된다면 학습자의 여러 가지 개인차를 고려한 학습 방법을 선택하여 교수(teaching)가 이루어지는 것이 좋다.

각자 자신에 맞은 의상이 있듯이 학습자들에게 그들에게 맞은 교수학습방법이 있다.

예를 들어, 과학 수업을 진행할 때 어떤 학습자는 시각적인 자료를 선호하여 시각적인 학습자료를 제시했을 때 호기심을 가지고 수업에 집중하는 때도 있으며 어떤 학습자는 소리에 민감하여 기억하고자 하는 것을 청각적 표상으로 구성한다. 한편, 활동적으로 움직임으로써 학습 내용을 구성하고 더욱 적극적으로 학습에 참여하는 학습자들도 있다. 이러한 상황에서 교사로서 염두에 둘 수 있는 점은 시간 내에 3가지 전략을 고루 사용하거나 결합한 형식으로 적절히 자극하는 것이 제일 나은 방법이 될 수 있다.

위트킨(Witkin)은 개인이 외부 환경을 받아들이고 사고하고 문제를 해결하는 양식에 따라 장독립 인지 양식과 장의존 인지 양식을 제시하였다(Witkin & Goodenough, 1981). 장독립 인지 양식은 주변의 영향을 적게 받으며 독립적으로 사물을 지각하고 문제를 해결하는 경향을 보인다. 반면에 장의존적 인지 양식은 주변을 영향을 많이 받고 문제를 해결할 때 외부적 요인에 영향을 많이 받는다. 과학 교과에서는 장독립적 성향을 보이는 학습자들이 과학적 탐구력이 우수하고 과학적 문제 해결을 하는 데 유리하므로 장독립적 인지 양식을 촉진하기 위하여 노력하고 있다.

하워드 가드너(Howard Gardner)의 다중지능 이론(theory of multiple intelligence) 또한 개인차를 고려한 교육의 필요성을 시사한다. 개인의 다양한 적성을 고려하여 교육적 평가가 이루어져야 한다는 것이고, 개인의 강점을 찾고 그것을 계발할 기회를 주어야 한다는 것이다. 따라서 학생들이 가진 다양한 능력에 대응할 수 있는 교수법이 필요하다는 것을 의미한다. 다중지능 아이디어는 과학을 9가지 지능을 모두 발달시킬 방법으로 가르쳐야 한다는 것을 의미하지 않으며 학생들 각자 가진 지능적 강점에 맞게 과학 학습활동을 제시할 수 있다면 좋은 과학 수업이 될 수 있다는 것을 의미한다.

최근 과학교육에서 관심을 보이는 개인차를 고려한 수업으로 다문화 학생을 대상으로 하는 수업을 들 수 있다. 한국의 과학교육은 소수의 엘리트 중심에서 '모든 사람을 위한 과학교육'으로 변하고 있다. '모든 사람'이란 남녀 학생 모든 사람, 도시빈민층 학생을 포함한 모든 사람, 다양한 문화 배경을 가진 학생을 포함한 모든 사람을 의미한다. 하지만 현재 과학교육에서 '모든 사람'에 포함되는 다양한 문화 배경을 가진 학생을 위한 배려는 거의 없다고 할 수 있다(강경리, 2014).

다문화 가정은 우리와 다른 민족 혹은 다른 문화적 배경을 가진 사람들이 포함된 가정을 총칭하는데, 해가 갈수록 다문화 가정은 증가하는 추세이다. 이러한 상황에서 과학을 가르치는 교사로서 이들을 위해 할 수 있는 것이 무엇인지에 대해 고민해 보아야 한다. 크게 다문화적 태도, 다문화적 교수 방법, 다문화적 교육과정을 생각해 볼 수 있는데, 과학 교과의 특성상 다문화적 교육과정을 마련하는 것은 어려움이 있다. 따라서 다문화 가정 학생을 투명인간으로 보지 않고, 문제를 스스로 해결할 수 있도록 시간적 여유를 제공하는 것이 과학을 가르치는 교사로서 적절한 대처라고 볼 수 있다. 또한, 방과 후에 학부모를 초청하여 학생과 함께 과학과 관련된 활동을 함께하는 것도 한국의 과학 활동을 학부모들에게 이해시키고 자녀가 어떠한 방식으로 학교에서 과학 학습을 하고 있는지 보여줄 수 있는 계기가 될 수 있다.

특히, 과학과 다양한 수업 방법 중에서 개인차를 고려한 대표적인 수업이 비유 활동이다. 비유 활용 수업은 어려운 과학 개념을 친숙한 소재를 활용하여 이해시킬 수 있다는 점에서 인지 수준이 낮은 학생들에게 고려해 볼 만한 방법이다. 초등 교육과정에서 비유물을 학생들이 직접 만들 수 없으므로 교사가 친숙한 비유물을 미리 준비하고 그것을 과학 개념과 연결하여 과학 개념을 이해시킬 수 있다. 그러나 이러한 비유 활용 수업에서 꼭 고려해야 할 것은 비유물이 과학 개념과 완전히 구조적, 기능적으로 일치하지 않으므로 비유물의 한계점을 지적하는 활동이 이루어져야 한다. 이러한 한계점을 최소화하기 위해서는 비유물은 과학 개념과 유사한 대응 관계가 많이 있을수록 좋고, 학습자에게 친숙해야 하며, 최소한 그림 이상을 제시해야 한다. 특히 초등학생들에게 언어 비유는 오개념을 유발할 수 있으므로 유의해야 한다. 반면에 과학 개념의 이해 정도가 높은 학생들에게는 직접 비유물을 만들어 보게 하거나 비유물을 직접 찾아보게 하는 것도 개인차를 고려한 비유 활용 수업이 될 수 있다.

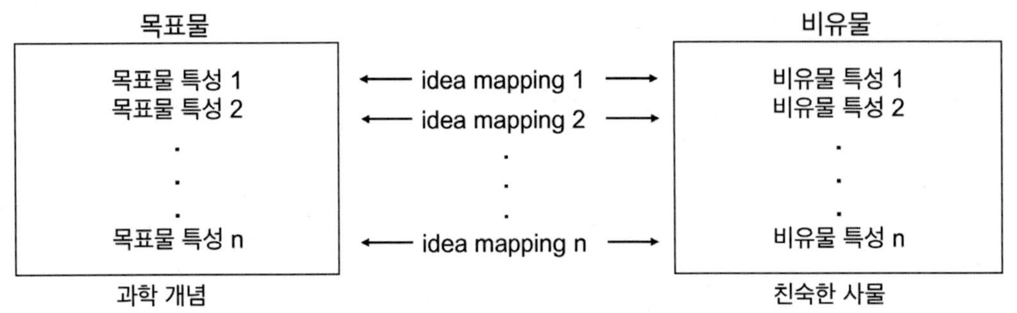

비유 활동(Harrison & Coll, 2007)

이론 정리하기

이론	보충하기

■ 위트킨(Witkin)의 인지 양식
개인이 외부의 환경이나 사물을 지각하고, 기억하고, 사고하고, 문제를 해결하는 독특한 양식

장독립(field independence)	장의존(field dependence)
• 장(場)에 의한 영향을 받지 않거나 비교적 적게 받으며 주변의 장을 분리된 방식으로 사물을 지각한다. • 위장된 정보를 쉽게 알아내는 능력이 뛰어나다. • 분명한 세시나 안내 없이 문제를 잘 해결할 수 있다. • 상황을 분석하고 재조직할 수 있다. • 비구조화된 상황을 자기 나름대로 구조화할 수 있다. • 꾸중의 영향을 적게 받는다.	• 장의 영향을 많이 받고 문제를 해결하기 위해 외부적인 요인에 의존하는 경향이 있다. • 복잡한 상황에서 본질적인 정보를 가려내는 데 어려움을 느낀다. • 주어진 조직을 그대로 받아들이는 경향이 있으며 재조직하지 못한다. • 구조화되지 않은 자료의 학습에 어려움을 느낀다. • 과학 문제해결력 수준이 낮다. • 꾸중에 많은 영향을 받는다.

■ TWA 수업 단계

단계	교수학습 활동
목표 개념 도입	과학 개념을 설명하는 단계로, 과학 개념을 이해하지 못한 상태에서는 비유물과 맵핑을 시키지 못하므로 충분한 교사의 설명이 있어야 한다. 교사는 질문을 통하여 학생들의 이해를 확인한다.
비유물 개념 상기	비유물은 학생들에게 친숙해야 하고 작동할 수 있어야 하므로 비유물을 직접 관찰하고 탐구하는 단계이다.
개념 간의 유사 특징 확인	직접적인 탐구활동으로서, 과학 개념과 비유물을 맵핑하는 단계이다. 최대한 많이 연결하는 것이 중요하다.
유사 특징 투영	맵핑 결과를 표상하는 단계이다. 표로 정리할 수 있고 직접 비유물을 그림으로 그리고(drawing) 과학 개념과 연결하는 형식으로 정리할 수 있다.
개념에 대한 결론 도출	목표 개념 도입 단계에서 이해하지 못한 과학 개념 중에서 비유를 통해 알게 된 점을 발표하고, 직접 맵핑 활동을 통하여 새롭게 알게 된 과학 개념을 발표한다. 발표한 결과는 보고서에 정리한다.
비유 지적	비유물은 과학 개념을 모두 설명할 수 없으므로 비유물이 과학 개념을 설명하는 데 한계점을 지적하는 단계이다. 이를 통하여 오개념을 방지할 수 있다.

초등 과학 수업 「Contents Box」 : 수업 설계 아이디어		
학습자료 콘텐츠	**학생활동 콘텐츠**	**에듀테크 콘텐츠**
□ 사진, 그림, 영상 □ 기사, 도표, 문헌 □ 모형, 실물 자료 □ 그 외 ( )	□ 토의 · 토론 □ 실험 · 실습 □ 프로젝트 □ 그 외 ( )	□ AI 도구(Wrtn 등) □ 실감형 도구(AR · VR) □ 협업형 도구(Canva 등) □ 그 외 ( )

초등 임용시험 「Workshop」 : 함께 해결하며 전략 연습하기				
분석하기	➤	적용하기	➤	표현하기

적용하기

<table>
<tr><td>주제</td><td colspan="3">개인차를 고려한 과학 탐구활동 설계하기</td><td>학번</td><td></td></tr>
<tr><td></td><td colspan="3"></td><td>이름</td><td></td></tr>
<tr><td rowspan="3">탐구 과정</td><td rowspan="3">관찰, 측정, 추리, 분류, 의사소통</td><td rowspan="3">과학적 소양</td><td>역량</td><td colspan="2">과학적 탐구력, 과학적 사고력</td></tr>
<tr><td>지식</td><td colspan="2">시스템과 상호작용</td></tr>
<tr><td>참여와 실천</td><td colspan="2">과학문화 향유</td></tr>
</table>

확인	

8장

과학 평가

초등 과학교육에서 예전부터 이루어진 평가방법은 지필평가와 수행평가다. 지필평가에는 탐구기능, 내용, 태도 평가가 있으며, 수행평가에서는 관찰, 면담, 일기, 실험, 포트폴리오 등이 있다.

탐구 기능 평가는 초등 과학교육에서 탐구 중심의 활동에서 가장 기본적으로 이루어져야 한다. 그러나 기존에서는 지필평가 선택형 문항으로 평가가 이루어졌으나, 앞으로 교사는 목표 달성을 위한 지침에 관한 특별한 행동 점검표를 준비하여 탐구 기능에 대한 양적 평가와 질적 평가를 모두 고려해야 한다. 또한, 아이들이 지식을 어떻게 구성했는지를 알아보기 위한 참평가로서 면담, 과학일지, 과학공책, 포트폴리오 평가가 적극적으로 이루어져야 한다.

2022 개정 과학과 교육과정에서는 '과학' 교육과정상의 내용 체계와의 관련성을 고려하여 지식·이해, 과정·기능, 가치·태도의 균형 있는 평가를 강조하고 있다. 또한 과정 중심 평가와 함께 온라인 학습 지원 도구 등 디지털 교육 환경을 활용한 평가 방안이나 평가 도구 활용을 강조하고 있다. 과정 중심 평가는 수시평가로서 지필평가와 수행평가를 넘어 참평가로서, 과학 수행 전, 수행 중, 수행 후 모든 과정을 걸쳐서 어떻게 탐구 기능, 내용, 태도를 구성해가는지를 평가해 가는 것이다. 기존의 수행평가는 결과론적 평가가 강조된 것으로서 과정에서의 학생들의 피드백이 활발하게 이루어지지 않았다. 그러나 과정 중심 평가는 피드백을 통하여 상대적 서열 중심이 아니라 성취기준의 달성을 위한 것에 초점을 둔 학습자의 발달을 위한 평가로 볼 수 있다. 피드백을 통하여 학생들의 성장과 변화를 기하는 평가이다. 이와 같이 과정 중심 평가를 잘 활용하면 교사에게는

교수학습을 극대화하기 위한 정보 수집을 위한 도구 및 과정으로 작용하기도 하고 학습 전략 및 교수법 교정을 위한 전략으로써 효과가 있을 것으로 기대할 수 있다.

한편, 과정 중심 평가를 실제 적용할 수 있는 수업 모형이 발생학습 모형이다. 발생학습 모형은 생성 학습 모형이라고도 하는데, 듀이(Dewey)와 피아제(Piager)의 심리학과 과학의 본성, 과학적 태도에 대한 관찰에 기원을 두고 있다. 즉, 지식을 발생하기 위해서는 교사나 동료에 의해 지속적으로 관찰을 통한 상호작용이 이루어지고 그 상호작용을 통하여 해당 학생의 긍정적인 방향으로 성장과 변화를 기한다는 것에 초점을 두고 있다. 이러한 변화를 주기 위해서는 근접발달지대(ZPD)에 도달하도록 하는 것인데 그 방법의 일환으로 과정 중심 평가가 작용할 수 있다. 참평가 기법 적용을 통한 적극적인 피드백으로 근접발달대에 도달하고 새로운 지식을 생성해 낼 수 있다는 관점이다. 예비단계에서는 교사는 학생들의 선개념을 조사하고(수행 전), 과학적 개념을 정확히 이해한다. 교사 개인의 개념도 점검한다. 이를 통하여 실제 활동의 수준과 방향을 결정할 수 있다. 초점단계에서는 학생들이 자신의 선개념을 명확히 할 수 있도록 하는 현상 활동 등을 제공한다. 실질적인 활동이 이루어지는 단계로 자신의 선개념을 점검하고 새로운 개념 구축으로 나아가기 위한 경험을 갖는 단계이다. 도전단계에서는 학생들은 새로운 관점을 발표, 서로의 관점을 비교하기 위하여 토의토론을 통해 근접발달영역에 도달하도록 한다. 적절한 시기에 교사는 과학자적 관점을 소개한다. 근접발달영역에 도달하기 위해서는 교사와 상호작용을 하거나 실질적인 도움을 받을 수 있는 학생들과의 상호작용이 중요하다. 이 과정에서 도달한 과학적 개념의 이해도를 확인한다(수행 중). 적용단계에서는 학습한 과학적 개념을 적용하여 새로운 상황의 문제를 해결한다(수행 후). 이 단계에서는 변화된 개념 체계를 진단할 수 있다. 이러한 과정에서 생성하고자 하는 과학 지식을 순차적으로 평가해 가면서 과학 지식이 생성되는 것을 관찰할 수 있다.

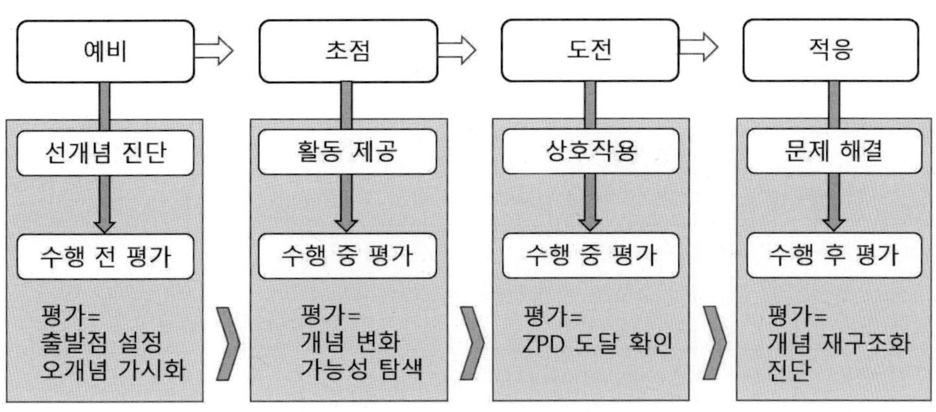

발생학습 모형과 과정 중심 평가

이론 정리하기

이론	보충하기

■ 과정 중심 평가

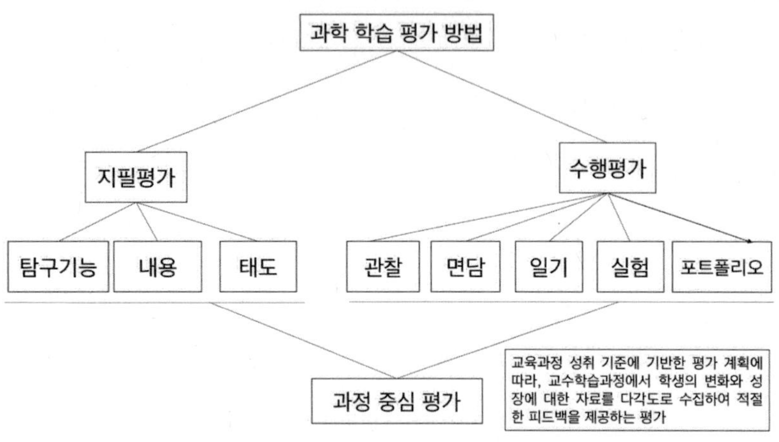

	기존 평가	과정 중심 평가
기본 방향	–	• 교수학습을 극대화하기 위한 평가 • 정보 수집을 위한 도구 및 과정으로의 평가 • 학습 전략 및 교수법 교정을 위한 평가 • 교수학습과 평가가 연계된 순환적 구조에서의 평가
평가관	학습에 대한 평가 결과 중시	• 학습을 위한 평가 • 학습으로서의 평가 • 과정 중심
평가 방법	지필 평가 중심 구조화된 문항 형식 위주 정기 평가 교사가 주로 평가	• 지필평가, 수행평가 등 다양한 방법 적용 • 구조화, 비구조화된 방식 혼용 • 수시평가 • 교사, 학습자, 동료 등 평가 주체의 다양화
평가 내용	교과별 단편적 지식 및 기능 인지적 성취 영역 위주	• 통합적 지식 및 기능 • 핵심역량에 대한 평가 • 인지적, 정의적 특성 영역
평가결과 보고 및 활용	상대적 서열 정보 중심 피드백의 부재	• 성취기준 및 내용 준거에 의한 결과 보고 • 즉각적이며 수시적인 피드백

출처: 교육부(2019). 과학 5-1 교사용 지도서.

■ 발생학습 모형 단계

단계	교수학습 활동
예비	교사는 학생들의 선개념을 조사하고, 과학적 개념을 정확히 이해한다.
초점	학생들이 자신의 선개념을 명확히 할 수 있도록 하는 현상, 활동 등을 제공한다.
도전	학생들은 서로의 관점을 발표, 비교하고, 적절한 시기에 교사는 과학적 관점을 소개한다.
적용	학습한 과학적 개념을 적용하여 새로운 상황의 문제를 해결한다.

초등 과학 수업「Contents Box」: 수업 설계 아이디어		
학습자료 콘텐츠	**학생활동 콘텐츠**	**에듀테크 콘텐츠**
□ 사진, 그림, 영상 □ 기사, 도표, 문헌 □ 모형, 실물 자료 □ 그 외 (　　　)	□ 토의 · 토론 □ 실험 · 실습 □ 프로젝트 □ 그 외 (　　　)	□ AI 도구(Wrtn 등) □ 실감형 도구(AR · VR) □ 협업형 도구(Canva 등) □ 그 외 (　　　)

초등 임용시험「Workshop」: 함께 해결하며 전략 연습하기				
분석하기	➤	적용하기	➤	표현하기

적용하기

<table>
<tr><th>주제</th><td colspan="3" rowspan="2">탐구활동을 통한 과정 중심 평가</td><th>학번</th><td></td></tr>
<tr><th></th><th>이름</th><td></td></tr>
<tr><th rowspan="3">탐구 과정</th><td rowspan="3">예상, 관찰, 측정, 추리, 분류, 의사소통</td><th rowspan="3">과학적 소양</th><th>역량</th><td colspan="2">과학적 탐구력, 과학적 사고력</td></tr>
<tr><th>지식</th><td colspan="2">변화와 안정성</td></tr>
<tr><th>참여와 실천</th><td colspan="2">과학문화 향유</td></tr>
</table>

확인	

9장

탐구 지향적 수업 전략

초등 과학 수업에서 성공적인 과학 활동을 위한 다양한 전략이 있을 수 있으나, 관찰 활동을 통해 가지게 된 의문에 대한 답을 찾기 위하여 스스로 탐구를 고안하는 활동을 실행하는 것이 중요하다.

이러한 활동을 하기 위해서 학생들이 기억해야 할 것은, 틀린 답은 없다는 것이다. 교사로서 기억해야 할 것은 학생들의 인지구조도 교사만큼이나 가치 있다고 느끼도록 하는 것이다. 이를 위해서는 학생들에 대해 신뢰하는 것이 중요하며 학생들의 생각이 교사의 생각만큼 가치 있다고 말해 주는 것이다. 성공적인 수업을 위해서는 교사는 항상 먼저 활동을 시도해 보고 그 가능성을 확인해야 한다. 그리고 활동을 시작하기 전에 미리 활동 재료를 나누어 주는 실수를 범하지 말아야 한다. 무엇보다도 활동의 특징을 잘 파악하여 안전사고 예방을 위해 어떠한 장비를 준비해야 하는지 점검하고 학생들에 보완경이나 실험복을 착용하도록 해야 한다. 교사는 안전한 활동을 위해 안전팀 구성하기도 고려해 볼 필요가 있다. 과학에서는 협동학습이 많이 이루어지고 있는데 구성주의에서 말하는 협동학습은 역할을 분담하는 것이 아니라 모든 일을 함께 상호작용하는 것을 협동학습이라고 한다. 즉, 과학 활동의 전 과정에 모든 학생이 함께해야 한다.

한편, 성공적인 과학 수업을 위해 부모님을 수업에 참여시키는 것도 좋은 방법이 될 수 있는데,

별도로 가족 과학 페스티벌을 개최하거나, 집에서 부모님과 함께할 수 있는 과학 활동 제안할 수 있다. 또한, 부모님을 과학 시간에 초청하여 실험 보조원의 임무를 수행하게 요청할 수 있다. 유능한 교사는 과학 수업시간 외의 시간도 잘 활용하는 교사이다. 특히 교실에 과학 코너를 만들어 과학도서와 각종 모형을 전시하여 평소에도 과학에 관심을 가지도록 하는 것이 좋다. 교실에 동식물을 기르는 것 또한 호기심을 자극하고 동기유발을 위한 환경을 조장할 수 있다. 특히 교실 밖 활동은 블록타임제를 적용하여 교과서에서 다루지 못하는 차별화된 실제적 활동을 할 수 있도록 함으로써 적극적으로 활용해야 한다. 교실 밖 과학 활동은 STS 관점의 접근을 통해 학습자에게 발견 학습의 기회를 제공한다. 특히 비형식 교육기관과 연계한 자유 탐구 활동은 최근 교육과정의 핵심인 융합적 사고력을 촉진하는 데 효과적이다. 2022 개정 과학과 교육과정 역시 학교의 지역적 특성을 반영하여 지역 자연환경, 박물관, 과학관 등 지역 교육 자원을 적극 활용할 것을 권고하고 있다. 다만, 이러한 현장 중심 활동은 교사의 상당한 업무 부담을 수반하므로 학교 차원의 제도적 지원이 필수적이다. 현재 초등학교 과학 수업은 주로 담임 교사가 담당하고 있으나, 향후 과학 전담 교사제가 활성화된다면 더욱 전문적인 실험과 심도 있는 탐구를 통해 학생들의 발견적 학습을 효과적으로 이끌어낼 수 있을 것이다.

이러한 특징을 반영하여 실제 적용할 수 있는 과학과 수업 모형으로는 파아제의 인지발달 이론에 기반을 둔 순환 학습 모형이 있다. 순환 학습 모형은 전형적인 탐구 지향적 수업 모형으로서 성공적인 과학 수업에서 적용할 수 있는 패턴으로 구성되어 있다. 1단계부터 탐구 활동을 통한 인지갈등을 유발하고 그러한 현상이 왜 나타나는지에 대한 궁금증을 유발한 뒤에 교사의 도움으로 개념을 도입하고 이를 새로운 실생활에 적용해 보는 과정으로 구성되어 있다. 이러한 전통적 순환 학습 모형에서 평가 단계와 동기유발과 사전 개념 끌어내기 단계를 추가한 4E와 5E, 7E 순환학습 모형도 현장에 적용되고 있다. 순환 학습 모형에서 평가는 단계별로 학생들이 잘 수행하고 있는지 확인하는 평가로서 일반적인 수업의 마지막 단계에서 이루어지는 평가와는 다른 의미를 지닌다는 것을 특히 염두에 두어야 한다.

이론 정리하기

이론	보충하기

■ 교실 밖 과학 활동

장점	유의점
• 자유 탐구적 활동이 가능하다. • STS 학습이 가능하다. • 자연 세계에 대한 경험을 제공한다. • 환경과 인간과의 관계를 생각하게 한다. • 과학적인 태도를 함양한다. • 실제적으로 과학 지식을 획득하게 한다. • 융합활동이 가능하다. • 발견 학습의 기회를 제공한다.	• 안전사고 예방을 위해 노력해야 한다. • 사전 답사가 필요하다. • 교과 활동과 연계를 위한 활동지가 필요하다. • 비용과 시간 소요를 체크해야 한다. • 적절한 행동에 대한 규칙을 마련해야 한다. • 넓은 공간의 효율적 학습 방법을 고민해야 한다.

■ 지역 과학 체험관 활용 학습

구분	핵심 내용
특징	• 체험형 전시물, 조작 · 탐구 활동, 생활 밀착형 과학 주제를 중심으로 구성 • 지역 환경 · 산업 · 생태와 연계된 전시가 많아 학습자의 일상 경험과 과학 개념을 연결하기에 적합
위치	• 학교에서 접근성이 높고, 체험관 관람 이후 야외 관찰 · 지역 탐방 학습으로 확장하기에 유리한 공간적 조건을 제공
관람 주안점	• 탐색 중심 관람: 핵심 전시를 선정하여 충분히 조작 · 관찰 · 비교하는 관람 • 질문 유도: 암기식 설명 대신 '왜?', '우리 지역에서는?'과 같은 개방형 질문 중심 관람 • 학교 수업과의 연계: 사전 관점 제시 – 관람 – 사후 기록 · 토의를 통한 형식 교육 연결

■ 순환 학습 모형

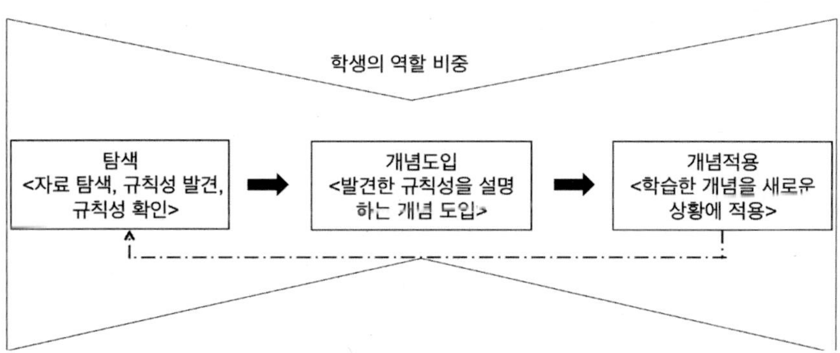

피아제 인지발달이론	순환학습 모형	교수학습 활동
동화와 비평형	탐색	• 인지갈등을 유발하는 탐구활동하기 • 기존 인지구조를 탐구활동과 연결하기–비평형 경험 • 활발한 의사소통하기
조절	개념 도입	• 동료, 교사와의 상호작용을 통한 인지적 비평형 해결하기 • 교사의 설명을 통한 개념 원리 도입 • 인지구조 변형 및 평형상태 도달
조직화	개념 적용	• 새롭게 구축된 인지구조를 새로운 상황에 적용해 보기 • 도출된 개념의 새로운 상황에 적용 • 평형상태의 발전

초등 과학 수업「Contents Box」: 수업 설계 아이디어		
학습자료 콘텐츠	**학생활동 콘텐츠**	**에듀테크 콘텐츠**
□ 사진, 그림, 영상 □ 기사, 도표, 문헌 □ 모형, 실물 자료 □ 그 외 ( )	□ 토의 · 토론 □ 실험 · 실습 □ 프로젝트 □ 그 외 ( )	□ AI 도구(Wrtn 등) □ 실감형 도구(AR · VR) □ 협업형 도구(Canva 등) □ 그 외 ( )

초등 임용시험「Workshop」: 함께 해결하며 전략 연습하기				
분석하기	➤	적용하기	➤	표현하기

적용하기

<table>
<tr><td>주제</td><td colspan="3">순환 학습 모형 적용한 탐구 중심 수업 설계하기</td><td>학번</td><td></td></tr>
<tr><td></td><td colspan="3"></td><td>이름</td><td></td></tr>
<tr><td rowspan="3">탐구 과정</td><td rowspan="3">예상, 관찰, 측정, 추리, 분류, 의사소통</td><td rowspan="3">과학적 소양</td><td>역량</td><td colspan="2">과학적 탐구력</td></tr>
<tr><td>지식</td><td colspan="2">시스템과 상호작용</td></tr>
<tr><td>참여와 실천</td><td colspan="2">과학문화 향유</td></tr>
</table>

확인	

10장

간학문적으로 접근하기

문학작품은 읽기, 쓰기 능력을 기를 수 있을 뿐만 아니라 간학문적으로 접근할 수 있는 요소를 충분히 갖추고 있다. 문학작품을 과학에 통합하는 것은 과학에 대한 흥미 유발 외에 지식적인 측면을 융합적으로 접근할 수 있는 효과가 있다. 문학작품을 과학에 통합하는 방법으로, 학습도입 부분에 사용하는 선행조직자로서의 역할을 하도록 하거나, 문학작품에 있는 과학적 정보를 다룸으로써 사실적 과학 정보를 쉽게 제공할 수 있다. 또한, 과학 탐구 후에 문학작품을 소개하면서 실제 탐구를 통해 얻은 결과를 바탕으로 문학작품에서 이야기하는 내용이 과학적으로 맞는지를 확인해 볼 수 있다. 또한, 문학작품에는 탐구 기능을 적용할 수 있는 내용이 포함된 예도 있다. 예를 들어, Elaine Landau의 『팝콘(*Popcorn!*)』(2003, Charlesbridge)에는 실제 탐구 기능을 적용할 수 있는 이야기가 소개되어 있다. 그러나 문학작품을 과학에 통합할 때는 사전에 교사는 어떠한 문학작품이 좋은지에 대해 고심을 해야 하며 오개념을 유발할 사항은 없는지 미리 점검한 후에 이러한 내용에 대해서는 아이들에게 반드시 이야기해 주어야 한다. 특히 과학 수업에서 이용할 아동문학의 선택 기준은 여러 가지가 있으며 그중에서도 탐구 기능을 발달시킬 수 있는지, 수업에 필요한 과학적 주제가 있는지, 사람에 대한 차별적 접근은 없는지, 아이들의 의문에 묻고 대답할 기회를 제공할 수 있는지 등을 체크할 필요가 있다.

실제 문학 작품을 활용할 수 있는 학습 방법이 역할놀이다. 아이들이 직접 대본을 작성하여 역할을 맞추어 행동해보는 활동이다. 과학에서 역할놀이는 5~10분 정도면 충분하다. 따라서 역할놀이는 play가 되어야 하지 drama가 되어서는 안 된다. 역할놀이가 학생들에게 과학과 관련된 도움을 줄 수 있는 이유가 놀이를 기반으로 하기 때문이다. 과학에서 역할놀이의 가장 큰 장점은 과학 수업에서 주인의식을 느끼게 한다는 점이다. 직접 대본을 작성하기 위해서 관련 자료나 전문가에게 조언을 구함으로써 자기만의 책임 있는 자료를 구성해 가고 그것을 친구들에게 보여준다는 의미에서 주인의식을 갖게 한다. 그 외에 윤리적인 문제들에 대해 의사결정권을 줄 수 있으며, 협동학습을 통해 인성적 차원의 교육이 자연스럽게 이루어질 수 있다. 또한, 어려운 과학 개념을 자기만의 방법으로 표현하게 할 수 있다. 역할놀이는 6단계로 진행할 수 있다. 역할놀이 학습 목표 및 문제 상황제시, 주요 개념을 부각할 수 있는 실제 시나리오나 상황 선택-역할놀이의 참여자 선정, 역할놀이에 필요한 자료 수집-전문가 조언 상담, 역할놀이 대본 작성 및 수정, 역할놀이 실연, 토론 및 평가 단계이다. 인문사회 교과 쪽에는 역할놀이 마지막 단계로 재실연 단계가 있으나 학생들의 집중도를 고려할 때 재실연의 시간을 토론 및 평가 단계로 활용하는 것이 오히려 아이들에게 유익하다.

한편, STS 수업 모형은 간학문적 접근이 가능한 과학적 수업 모형으로 학문중심 교육과정의 비판에서 등장했다. STS는 1980년에 지만(Ziman)이 저술한 『과학과 사회에 대한 교수학습(*Teaching and Learning about Science and Society*)』이라는 저서에서 처음 사용된 것으로 알려져 있다. STS 수업 모형은 과학에 대한 흥미를 높이기 위해서 출발한 수업 모형으로 환경과 관련된 실생활 문제에 대하여 학생들이 직접 참여하여 그 문제를 해결하는 과정을 거친다. 문제의 해결책을 찾는 과정에서 학생들의 협동심을 유발하고 책임 있는 의사결정을 내리는 것을 강조한다. 사회와 기술의 통합학습을 이룰 수 있고 과학적 소양의 함양을 추구하는 교육을 할 수 있다. 지역사회와 연관된 학습주제로 수업이 진행될 수 있으므로 학생들의 학습주제에 관한 관심을 유도할 수 있다. STS 수업 모형은 문제 상황을 제시하는 '문제로의 초대' 단계, 문제 상황을 직접 조사해 보는 '탐색' 단계, 가장 적절한 해결책을 마련하는 '설명 및 해결방안제시' 단계, 직접 실천에 옮기는 '실행' 단계로 진행이 된다. STS 수업 모형의 적용 시 유의해야 할 점은 다음과 같다. STS 수업 모형을 적용하기에 적절한 단원을 선정하여야 한다. 일반적으로 환경 관련 단원에 적절하다. 실행 단계까지 도달하기 위해서는 수업시간을 적절히 확보해야 한다. 학생들이 쉽게 자료를 조사할 수 있는 문제를 탐구 문제로 삼는다. 실행 단계에서는 학생들의 수준에 맞는 실천전략을 수립한다. 해결과제에 관련하여 조사 활동과 선택된 방안을 실천에 옮기기 위해서는 방과 후 활동까지 이어져야 하므로 수업 이후 과정까지 피드백하는 교사의 노력이 필요하다.

한편, 2022 개정 과학과 교육과정에서는 '관통개념'을 공유하여 과목별 영역별 연계성을 강조하고 있다. 이는 곧 간학문적 접근을 강조하고자 하는 부분으로 생각할 수 있다.

이론 정리하기

이론	보충하기

■ 과학 수업에서 이용할 아동 문학 선택 준거

1. 이 책은 탐구 기능을 발달시켜 주는가?
2. 이 책은 어린이들의 의문에 묻고 대답할 기회를 제공하는가?
3. 이 책은 어린이들이 스스로 사고하도록 장려하는가?
4. 수업에 필요한 과학적인 주제가 있는가?
5. 내용에 확실한 과학적인 원리가 바탕이 되어 있으며 적당한가?
6. 삽화가 명확하고 정확한가?
7. 이 책은 어린이들의 수준에 맞게 쓰여 있는가?
8. 다문화적인 요소가 고려되어 있는가?
9. 사람을 차별적으로 접근하는 요소는 없는가?
10. 이 책은 과학과 다른 과목과의 면밀한 연계를 보여주는가?

■ 역할놀이 단계

역할놀이의 학습 목표 및 문제 상황 제시

⇩

주요 개념을 부각할 수 있는 실제 시나리오나 상황 선택
역할놀이의 참여자 선정(모둠 편성)

⇩

역할놀이에 필요한 자료 수집–전문가 조언 상담

⇩

역할놀이 대본 작성 및 수정

⇩

역할놀이 실연

⇩

토론 및 평가

■ STS 수업 모형 단계

단계	교수학습 활동
문제로의 초대	• 교사는 다양한 학습자료를 활용하여 문제 상황을 제시한다. • 가능한 실생활과 관련된 문제를 소개하여 학생들의 관심을 유도한다.
탐색	• 문제 상황 이해를 위하여 모둠별 토의를 한다. • 모둠별로 자료 조사방법을 협의한 후, 문제를 해결하기 위한 자료를 조사한다.
설명 및 해결 방안 제시	• 자료 조사 결과를 바탕으로 최선의 해결책을 모둠별로 발표한다.
실행	• 전시회, 발표회, 편지쓰기, 직접 참여를 통해 해결 방안을 실천에 옮긴다.

초등 과학 수업「Contents Box」: 수업 설계 아이디어		
학습자료 콘텐츠	**학생활동 콘텐츠**	**에듀테크 콘텐츠**
□ 사진, 그림, 영상 □ 기사, 도표, 문헌 □ 모형, 실물 자료 □ 그 외 ( )	□ 토의 · 토론 □ 실험 · 실습 □ 프로젝트 □ 그 외 ( )	□ AI 도구(Wrtn 등) □ 실감형 도구(AR · VR) □ 협업형 도구(Canva 등) □ 그 외 ( )

초등 임용시험「Workshop」: 함께 해결하며 전략 연습하기				
분석하기	➤	적용하기	➤	표현하기

적용하기

<table>
<tr><td>주제</td><td colspan="3">역할놀이에 필요한 학습 도구 만들기</td><td>학번</td><td></td></tr>
<tr><td></td><td colspan="3"></td><td>이름</td><td></td></tr>
<tr><td rowspan="3">탐구 과정</td><td rowspan="3">예상, 관찰, 추리, 의사소통</td><td rowspan="3">과학적 소양</td><td colspan="2">역량</td><td>과학적 탐구력</td></tr>
<tr><td colspan="2">지식</td><td>시스템과 상호작용</td></tr>
<tr><td colspan="2">참여와 실천</td><td>과학문화 향유</td></tr>
</table>

확인	

11장
공학기술과 개념도

가상현실(Virtual Reality, VR)은 현실에서 체험하기 어려운 상황을 공학기술을 이용하여 환경과 상황을 연출하여 우리가 마치 그곳에서 생활하고 있는 것처럼 느끼도록 하는 것이다. 현실과 같을 수는 없지만 가능한 한 유사하게 표현하여 착각을 일으킬 만큼 사람과 주변 환경의 상호작용을 유도한다. VR 기기를 이용하여 체험하는 것이 요즘은 각 과학관, 박물관, 자원관 등에서 활성화되어 있다. 증강현실(Augmented Reality, AR)은 현실 세계와 가상 물체를 겹친 형태로, 우리는 현실에 있고 가상의 물체가 우리 현실에서 작용하여 가상의 물체를 현실 세계에서 적용하여 그것의 의미를 탐구하는 형태이다. 증강현실은 가상과 현실을 합친 형태로 혼합현실(Mixed Reality, MR)이라고도 한다. 우리가 직접 가지 못하는 화산이나 지진 발생지, 아마존 등에서 우리가 직접 가상의 생명체로 작용하여 그곳을 탐구하는 형태가 대표적인 예라고 볼 수 있다. 이러한 공학기술은 학습에서 다양하게 활용되고 있다. 미국의 대학에서는 가상현실을 이용해 해부학 공부를 하고 있고, 싱가포르의 대학에서는 자동차 공학의 이해를 위해 가상현실을 접목하여 입체적으로 학습할 기회를 제공하고 있다. 이러한 공학기술의 장점은 다음과 같다. 가상 교실에서는 학습자 간의 협력 학습을 촉진하여 결과를 만들어 가도록 한다. 직접 관찰이 불가능한 것을 가능하게 한다. 게임을 기반으로

하기 때문에 학습자들의 동기를 유발할 수 있다. 상상력을 기를 수 있다.

드론은 4차 산업혁명 시대에 지속적인 발전을 보이는 대표적인 산업이다. 드론의 사전적 의미로는 '무인비행기', '꿀벌의 수컷', '윙윙거리다'를 의미하기도 한다. 현재 드론은 인명 구조나 배달 업무, 전투용, 농업용 등으로 많이 활용되고 있으나 앞으로는 기후변화 관찰, 지질 탐사, 생태 탐사 등 인간이 직접 접근하기에 위험이 있는 분야에 적극적으로 투입되어 그 역할을 할 것으로 기대된다. 드론은 회전익기로 헬리콥터처럼 프로펠러인 로터(rotor)를 이용해 비행하는 것으로, 물체를 앞으로 밀어 보내는 힘인 추진력과 수직 방향으로 작용하는 힘인 양력을 이용하는 로터를 이용해 비행한다. 과학교육에서는 미래세대 드론 만들기 활동을 통하여 생활에 유용한 과학기술에 대한 유용한 아이디어 창출 경험을 가질 수 있다.

3D 프린터는 3D 설계 데이터에 따라서 액체, 고체, 분말 형태의 재료들을 적층하여 조형하는 기계이다. 3D 프린터의 제작 과정은 3D 모델링 프로그램을 사용하여 모델링을 수행하고 모델링한 정보가 3D 프린터를 통해 출력되면서 3차원의 출력물이 조형되는 방식이다. 초등과학에서는 우리 몸의 구조와 기능에 해당 기관을 3D 모델링하고 직접 출력 제작함으로써 과학 탐구능력과 창의적 문제해결력을 기르기 위하여 시도하고 있다. 3D 펜은 장난감 개발자 '맥스웰 보그(Maxwell Bogue)'와 미국 매사추세츠공과대학(MIT) 출신 '피터 딜워스(Peter Dilworth)가 3D 프린터를 이용하여 작품을 출력하다가 오작동으로 작품이 쪼개져 나왔고 그 쪼개진 결과물을 붙일 방법을 생각하다가 3D 펜이라는 아이디어를 떠올려서 탄생하게 된 것이다.

이러한 지능정보사회에 필요한 과학적 소양 및 탐구 역량 함양을 위해 첨단과학기술기반이 과학교육이 가능한 수업 공간을 '지능형 과학실'이라고 한다. 지능형 과학실의 환경은 가변적이고 융합적인 유연한 과학탐구 공간이며 다양한 외부자원과 학급간 공유 활동을 지원하는 온라인 플랫폼과 연계한 탐구활동의 공간이다. 지능형 과학실에서는 첨단기술 활용으로 데이터 기반 탐구활동과 학생 참여형 과학수업, 온·오프라인 연계 창의융합 탐구활동이 가능하다.

출처: 한국과학창의재단(2020). 지능형 과학실-과학교육 계획서 [2020년~2024년]

한편, 구성주의적 학습 방법으로서 개념도도 종이와 펜으로 했던 시절은 지나고 컴퓨터 프로그램을 이용하여 자유자재로 지우고 재구성할 수 있게 되었다. 컴퓨터 프로그램으로 개념도를 작성하면 언제든지 새로운 개념을 추가하고 위치를 재배정할 수 있는 수월한 개념도 작성 활동을 수행할 수 있다.

개념도는 개념과 개념들 사이의 위계적 관계를 의미 있게 도식적으로 나타낸 것이다(Novak, 1984). '어떻게 하면 개념들을 효과적으로 가르치고, 의미 있게 배울 수 있을까'라는 생각으로 Novak이 Cornell대학교의 동료들과 고안하였다. 개념도의 요소들은 계층적 구조, 점진적 분화, 통합적 조정과 같은 인지적 지식이 어떻게 학습자에 의해 발달하는지와 관련이 있다(Novak & Growin, 1984). 개념도는 새로운 자료를 이해하는 데 기초적인 학업 능력이 부족한 아동을 도와주는 데 효과적이다. 또한, 학습 장애가 있는 아동에게 교수학습을 보조하는 데 효과적이며, 장의존적 학생에게 과학 성취와 이해에 도움을 준다. 개념도의 기본 조건은 개념과 개념 사이에 명제로 만들어져야 하고, 상위 개념과 하위 개념 간의 위계가 명확해야 하며, 같은 위계의 개념 간에도 연결이 되어야 한다. 또한, 개념의 이해를 돕기 위하여 예를 제시해야 한다. 이러한 개념도는 교육과정 개발, 교과서 개발, 구성주의 수업, 평가 등에 활용될 수 있다.

이론 정리하기

이론	보충하기

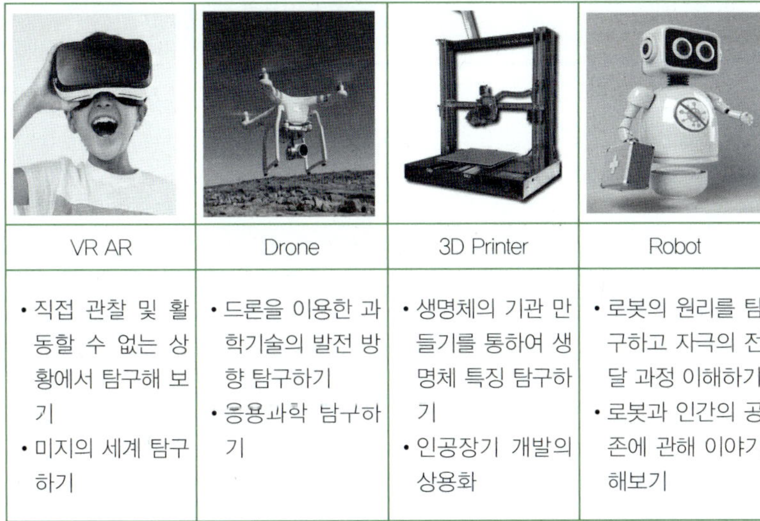

VR AR	Drone	3D Printer	Robot
• 직접 관찰 및 활동할 수 없는 상황에서 탐구해 보기 • 미지의 세계 탐구하기	• 드론을 이용한 과학기술의 발전 방향 탐구하기 • 응용과학 탐구하기	• 생명체의 기관 만들기를 통하여 생명체 특징 탐구하기 • 인공장기 개발의 상용화	• 로봇의 원리를 탐구하고 자극의 전달 과정 이해하기 • 로봇과 인간의 공존에 관해 이야기 해보기

■ 디지털과 인공지능 활용 수업을 어떻게 구분할까?

디지털 도구	관찰, 실험, 탐구과정의 정확성과 편의성이 높도록 지원하는 도구 (무선센서, AR VR, 3D프린터, 마이크로비트, 디지털현미경, 테블릿 등)
디지털 매체	정보를 제공하는 것 (동영상, 디지털교과서, 온라인 누리집 등), 정해진 틀, 사전에 정립된 체계
인공지능 활용(수업)	디지털 교과서 수업을 통해 학습자의 학습 수준, 강점 및 약점 파악하여 개별 피드백을 제공, 인지적 사고를 통한 개인별 맞춤형 정보와 피드백 제공으로 발전까지 이어지도록 함

■ 개념도 채점 기준(Novak & Gowin, 1984)

1. 연계(Relationships)–개념들의 연계(개념 간의 관계)를 서술하는 명제가 타당하면 연계마다 1점씩
2. 위계관계(Hierarchy)–개념들의 위계적 관계(하위 개념과 상위 개념의 관계)가 타당하면 각 위계 단계마다 5점씩
3. 교차연결(Cross links)
   1) 한 개념의 위계연계와 다른 개념의 위계연계를 맺는 교차연계가 타당하고 유의미하면 교차연계마다 10점씩
   2) 교차연계가 타당하지만 각 위계관계의 통합을 보이지 못하면 교차연계마다 2점씩
4. 실례(Examples)–실례로 보여주는 사건과 사물이 타당하면 실례마다 1점씩

초등 과학 수업「Contents Box」: 수업 설계 아이디어		
학습자료 콘텐츠	**학생활동 콘텐츠**	**에듀테크 콘텐츠**
□ 사진, 그림, 영상 □ 기사, 도표, 문헌 □ 모형, 실물 자료 □ 그 외 (　　　)	□ 토의 · 토론 □ 실험 · 실습 □ 프로젝트 □ 그 외 (　　　)	□ AI 도구(Wrtn 등) □ 실감형 도구(AR · VR) □ 협업형 도구(Canva 등) □ 그 외 (　　　)

초등 임용시험「Workshop」: 함께 해결하며 전략 연습하기				
분석하기	➤	적용하기	➤	표현하기

적용하기

<table>
<tr><td>주제</td><td colspan="3">다음 제시한 개념들을 바탕으로 개념도를 작성해보자.</td><td>학번</td><td></td></tr>
<tr><td></td><td colspan="3"></td><td>이름</td><td></td></tr>
<tr><td rowspan="3">탐구 과정</td><td rowspan="3">분류, 의사소통</td><td rowspan="3">과학적 소양</td><td>역량</td><td colspan="2">과학적 사고력</td></tr>
<tr><td>지식</td><td colspan="2">규칙성과 다양성</td></tr>
<tr><td>참여와 실천</td><td colspan="2">과학문화 향유</td></tr>
</table>

〈채점 기준〉

확인	

12장
융합인재교육(STEAM)

세계적 흐름에 따라 우리 사회의 다양한 문제를 해결하는 데에는 융합적 사고의 도입이 중요하다고 보고 되고 있다. 특히 과학, 기술, 공학, 수학 등과 같은 영역에서의 인력 부족인 국가에서는 국가 경쟁력 약화를 우려하여 융합적 인재 양성에 심혈을 기울이고 있다. 우리나라의 STEAM은 미국의 STEM 교육에 영향을 받았다. 미국 행정부는 수학과 과학의 낮은 성취 능력과 미래 직업으로 과학, 기술, 공학, 수학과 관련된 직업의 인력 증가를 예상하여 2007년 미국 경쟁력 강화 법안에서 STEM 관련 분야의 투자와 교사 양성을 지속적으로 지원해 왔다. 우리나라는 피사(PISA)와 팀스(TIMSS) 수학과학성취도 평가에서 인지적 영역에서는 높은 평가를 받고 있으나, 정의적 영역 부분에서는 매우 낮은 수준을 유지하는 것에 심각성을 인지하고 문제를 해결하기 위하여 시작한 것이 융합인재교육(STEAM)이다. 즉, STEAM은 '과학 기술에 대한 학생의 흥미와 이해를 높이고 과학 기술 기반의 융합적 사고력과 실생활 문제 해결력을 배양하는 교육이다'. 과학과 수학의 기본 뼈대로 이론의 개념적 기반을 다지고 공학과 기술을 통하여 설계 기반 및 가치 기반 사고 방법을 통하여 실생활과 연계된 문제를 해결하도록 하고 그 과정에서 예술을 통하여 감성적 측면을 반영하는 내용으로 구성된다.

융합인재교육의 핵심 내용은 다음과 같다. STEAM 교육은 과학기술 기반 교육이다. 따라서 과학에 대한 원리와 개념을 무시할 수 없으며 이것을 이해하는 것이 기본이 되어야 한다. 즉, 단순히 흥미 유발을 위해 STEAM 교육이 이루어져서는 안 된다. STEAM은 실생활 문제해결력을 추구한다. 그러므로 STEAM 교육은 실생활과 연계해야 한다. 물론 교과서에서도 실생활 소재를 다루고 있으나 실생활 소재를 직접 찾아보거나 직접 교사가 수업시간에 가지고 들어옴으로써 교육이 시작되어야 한다. 동시에 실생활 문제를 해결할 수 있는 과정적 측면의 탐구가 진행되어야 한다. 탐구는 학습자 주도적 형태로 진행되어야 하므로 일반 과학 수업보다 더 많은 시간과 아이들의 탐구력과 사고력이 요구된다. 이러한 실생활 문제를 다루면 자연스럽게 융합적 활동으로 이루어질 수밖에 없으며 S, T, E, A, M 중에서 2개 이상의 요소가 포함될 수밖에 없는 상황이다. STEAM 수업은 특별한 모형을 적용하기보다는 교사 나름의 전략 수립이 필요하며 특히 융합의 의미를 제대로 알고 적용하는 것이 중요하다.

최근은 한국창의재단에서 수업의 준거 틀을 제시하여 STEAM 수업의 방향을 제시하고 있다.

우선 '상황 제시' 단계에서는 단순히 흥미 유도를 넘어서 문제 해결의 적극적인 의지를 불러일으키기 위한 상황을 제시한다. 실생활에 마주치게 된 문제 상황을 제시하는 형태이다. 다음으로 '창의적 설계' 단계에서는 문제를 해결하기 위하여 스스로 방법을 찾아가는 과정이 포함된다. 다양한 결과물을 얻을 수 있도록 요리책 식의 방법에만 국한하지 않는 것이 좋으며 학생들의 다양한 아이디어를 인정하고 직접 수행해 보는 과정이 중요하다. 이 단계에서는 공학과 기술 영역이 반영된다. 또한, 구성원들 간의 협동심이 발휘될 수 있으며 과학적 근거를 바탕으로 설계가 이루어질 수 있도록 교사가 방향을 잡아 주는 것도 중요하다. 다음 '감성적 체험' 단계에서는 창의적 설계를 통하여 결과를 도출했다면 그것을 발표하는 시간을 갖고 이를 통하여 성공의 경험을 가지도록 하는 단계이다. 또한, 보상과 격려로서의 교사의 피드백도 포함되고 새로운 도전을 위하여 새로운 의문을 제시할 수도 있다.

융합인재교육 수업의 유형은 교과 내 수업형, 교과 연계형, 창의적 체험활동 및 방과 후 수업 적용형 등이 있다. 교과 내 수업형은 과학수업 내에 다른 교과의 학습 내용을 연계하는 것으로 융합교육에서 애초에 지향했던 일원론적 융합교육이 될 수 있는 방법이다. 교과 연계형은 주제중심 융합활동으로서 여러 교과를 연계할 수 있는 주제를 선정하고 그 주제에 따라 팀 수업을 진행하는 방법이다. 통합논술이 강조된 시점에 많이 적용된 유형이다. 창의적 체험활동 및 방과 후 수업은 시간적 교과 진도적 문제를 해결할 수 있는 방법이 될 수도 있다. 그러나 이 수업 방법은 이원론적 융합교육이 될 수 있다는 점과 기존에 해왔던 수업 주제나 방법을 융합교육에 끼워 맞추려는 상황도 연출될 수 있는 문제를 안고 있다는 점을 교사로서는 유념해야 한다.

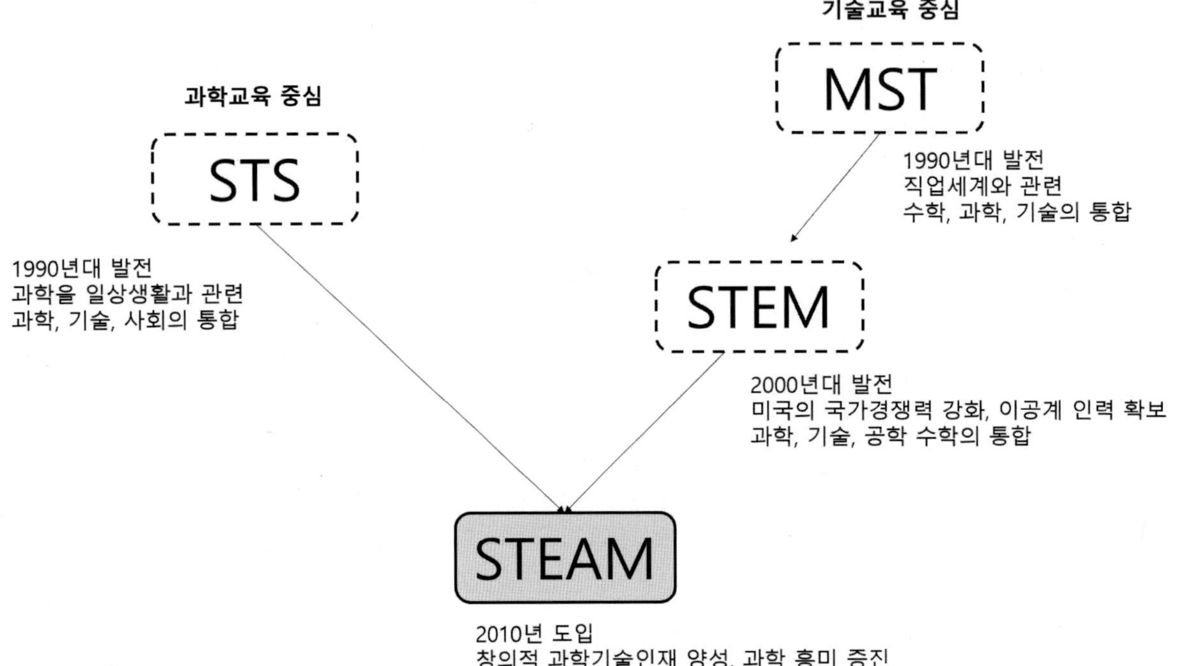

STEAM 교육의 흐름(김진영 등, 2012)

이론 정리하기

이론	보충하기

■ STEAM 수업 준거 틀과 수업의 흐름

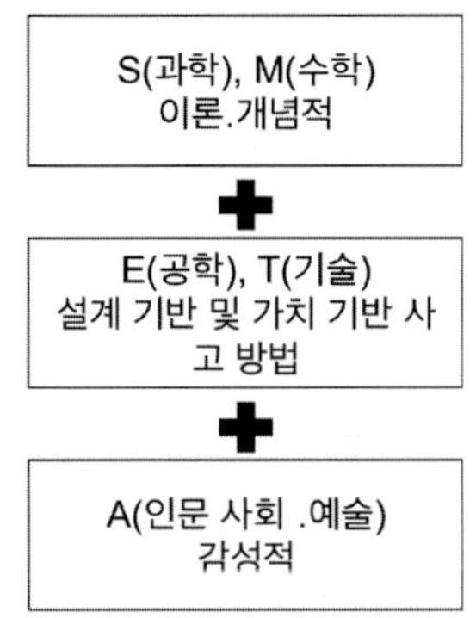

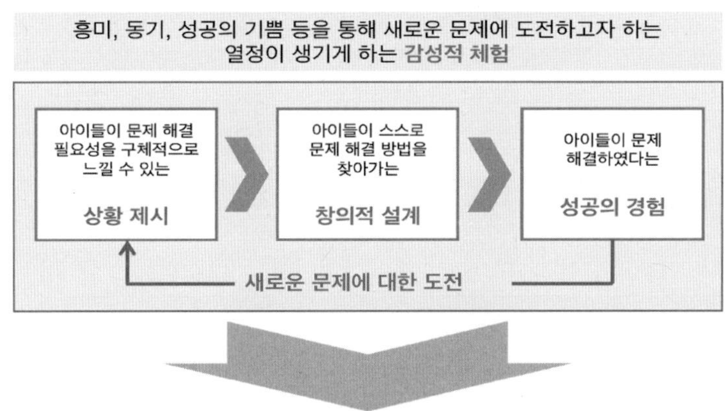

출처: 교육부(2019). 과학 5-1 교사용 지도서.

■ 융합수업의 유형

구분	주요 내용
교과 내 수업형	• 하나의 중심 교과에 과학, 기술, 공학, 예술, 수학적 요소 연계 • 수업시간 확보와 수업 진행은 용이하나, 다른 교과에 대한 깊이 있는 내용을 포함하기는 곤란
교과 연계형	• 주제 중심으로 관련된 여러 교과를 연계 • 주제에 대한 융합적 이해가 용이하고 다양한 형태의 수업(프로젝트 수업, 팀 티칭, 코 티칭 등)이 가능하나 수업 시간 확보 곤란
창의적 체험 활동 및 방과 후 수업 적용형	• 주제 중심으로 전체 교육과정을 재구성하거나 별도 프로그램 개발 • 수업시간 확보가 가장 용이하나, 교육과정 재구성, 추가 수업 등 교사의 추가 부담 발생

출처: 교육부(2019). 과학 5-1 교사용 지도서.

초등 과학 수업 「Contents Box」 : 수업 설계 아이디어		
학습자료 콘텐츠	**학생활동 콘텐츠**	**에듀테크 콘텐츠**
□ 사진, 그림, 영상 □ 기사, 도표, 문헌 □ 모형, 실물 자료 □ 그 외 (　　　)	□ 토의 · 토론 □ 실험 · 실습 □ 프로젝트 □ 그 외 (　　　)	□ AI 도구(Wrtn 등) □ 실감형 도구(AR · VR) □ 협업형 도구(Canva 등) □ 그 외 (　　　)

초등 임용시험 「Workshop」 : 함께 해결하며 전략 연습하기				
분석하기	➤	적용하기	➤	표현하기

적용하기

<table>
<tr><td>주제</td><td colspan="3">우리 주변에서 STEAM의 의미 해석하기</td><td>학번</td><td></td></tr>
<tr><td></td><td colspan="3"></td><td>이름</td><td></td></tr>
<tr><td rowspan="3">탐구 과정</td><td rowspan="3">관찰, 추리, 의사소통</td><td rowspan="3">과학적 소양</td><td>역량</td><td colspan="2">과학적 탐구력</td></tr>
<tr><td>지식</td><td colspan="2">변화와 안정성</td></tr>
<tr><td>참여와 실천</td><td colspan="2">지속가능한 사회에 기여</td></tr>
</table>

확인	

13장 인공지능(AI)과 과학교육

AI(Artificial Intelligence)는 심리학과 뇌과학의 영향으로 태동하였다. 1950년대 마빈 민스키(Marvin Lee Minsky)와 딘 애드먼드(Dean Edmonds)는 뉴런의 작동 원리를 기반으로 한 인공신경망(Neural Network)을 이용한 컴퓨터(SNARC)를 제작하였고, 앨런 뉴엘(Allen Newell)과 허버트 사이먼(Herbert A. Simon)은 수학문제를 해결할 수 있게 추론적으로 사고하는 컴퓨터 프로그램인 'LogicTheorist'를 개발하였다. 특히, 1956년에 다트머스 회의에서 '존 메카시(John McCarthy)'에 의해 Artificial Intelligence(AI) 라는 용어가 처음 사용되었다. 1990년대에 인터넷이 성장하면서 방대한 데이터를 이용할 수 있게 되었고 머신러닝(Machine Learning)이 등장하게 되었다. 머신러닝은 컴퓨터에 데이터와 해답을 제공하면 기계가 스스로 판단하는 지도학습(Supervised Learning)과 데이터를 제공하지 않아도 컴퓨터가 스스로 학습, 인지, 추론, 판단하는 비지도학습(Unsupervised Learning)으로 나눈다. 비지도 학습은 딥러닝(DL: Deep Learning)으로의 기술 발전이 이어지고 있다. AI는 머신러닝과 딥러닝을 포함하여 판단, 추론, 학습 등 인간 지능 능력을 갖춘 컴퓨터 시스템이다. 약인공지능은 특정 한 부분야에서 지적 능력을 응용하여 문제를 해결하는 인공지능을 말하고 강인공지능은 다양한 분야에 네트워크적으로 지적 능력을 발휘하는 것으로 인간과 같거나 인간을 뛰어넘는 인공지능을 의미한다. 즉, 강인공지능은 자율성을 가지고 인간의 개입 없이 행동하고 상황을 분석 판단하는 것까지 가능하다.

디지털 기초와 정보 교육이 중요시되는 시대적 상황에 맞게, 2022 개정 교육과정에서는 디지털·AI 소양 함양 교육 강화, AI SW 등 신(新)산업기술 혁신에 따른 미래 세대 핵심 역량으로 디지털 기초소양 함양, 교실 수업 개선 및 평가 혁신을 강조하고 있다. 또한 모든 교과교육을 통해 디지털 기초소양 함양 기반을 마련하고 정보 교육과정과 연계하여 AI 등 신기술분야 기초 심화 학습 내실화를 기하고 있다.

교육부(2021)에서 발표한 교과내 디지털 정보화 교육의 주요 시안은 다음과 같다.

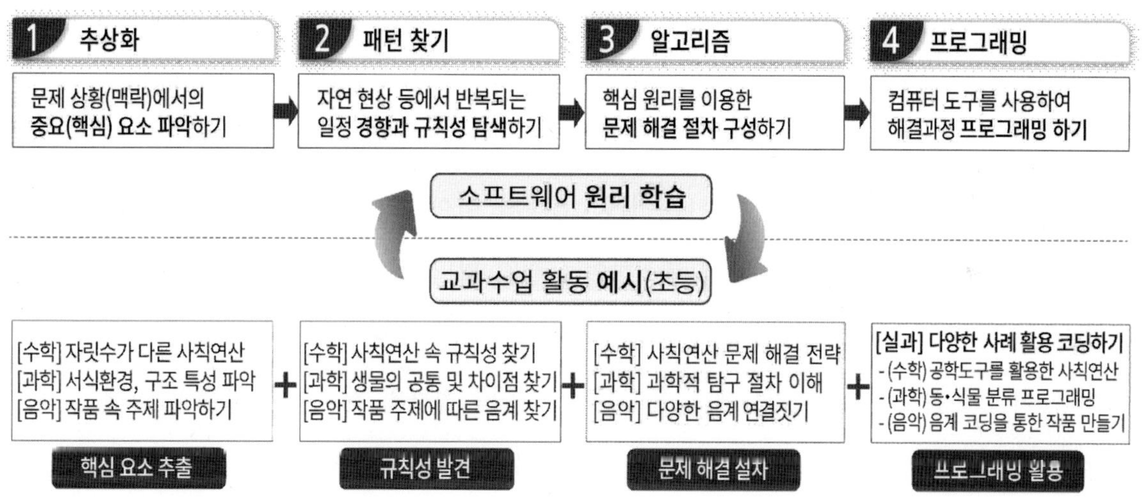

출처: 교육부(2021). 2022 개정 교육과정 총론 주요 시안.

인공지능 원리 학습 및 교과수업과의 연계 활동 예시

특히, 과학에서 탐구는 다른 교과와 구분되는 가장 특징적인 요소인 만큼 이를 적용한 AI 과학교육이 활성화되고 있다. 즉, AI를 통해 사물이나 사건 현상 등을 공통적인 속성이나 조건에 따라 묶거나 다른 범주로 구분하는 과정을 진행하는 AI 융합 프로그램이 활성화되어 있다.

2022년 11월 OpenAI에서 ChatGPT가 출시된 이후 교육 분야에서도 활용 가능성에 대해 논의가

지속적으로 이루어지고 있다. ChatGPT는 텍스트 기반 생성형 인공지능으로서 주어지는 요청에 따라 텍스트, 그림, 영상, 소리 등 다양한 데이터를 생성하는 것으로 과학교육에서도 활용 가능성이 크다.

첫째로, 학생들의 다양한 질문에 대해 지원할 수 있다. 1교실 1교사 제도가 정착된 우리나라의 경우 다양한 수준 학습자의 질문을 교사 혼자서 바로바로 답하기에는 무리가 있다. 그러나 ChatGPT를 사용한다면 과학 현상에 대해 학생들이 갖는 질문에 대해 바로바로 정보를 제공할 수 있다.

둘째, 지속적인 상호작용으로 과학적 추론 능력 향상을 지원할 수 있다. ChatGPT를 사용하면 질문에 또 다른 질문이 지속적으로 이어지고 ChatGPT가 학생들에게 과학적 질문도 제시하는 등 상호작용을 통해 학생들의 과학적 추론을 유도할 수 있다.

셋째, 과학 글쓰기를 지원할 수 있다. 과학 글쓰기를 시작하기에 망막한 경우 ChatGPT를 사용하면 시작점을 제안받을 수 있으며 글쓰기 과정에서 더 나은 표현과 아이디어를 제공받을 수 있다.

넷째, 과학 실험수업에서 생성형 AI는 실험 설계의 아이디어를 제시하거나 변수 통제 방법을 조언하고, 학생의 가설이나 관찰 기록을 분석하여 논리적 피드백을 제공할 수 있다. 또한 실험 결과를 데이터로 입력하면 그래프나 요약 보고서를 자동으로 생성해 주어 탐구 과정을 시각화할 수 있다.

그러나 이러한 활용 가치가 있음에도 불구하고 잘못된 정보의 제공이나 사생활 침해 등에 대한 문제점이나 한계가 있을 수 있으므로 활용에 대해 신중한 결정을 할 필요가 있다.

내 생각을 왜 AI와 비교하는가?

관점	의의	교육적 목표
비판적 사고의 촉진	AI의 표준화되고 요약적인 답변을 비판적으로 검토하며, 특정 지식과 이론의 적용 정확성을 스스로 판단하는 연습이 된다.	정보의 신뢰성과 맥락적 적합성을 따지는 능력 함양
메타인지 강화	학습자 자신이 이해한 개념과 AI가 제시한 개념의 차이를 분석하면서, 자신의 사고 과정과 이해 수준을 점검할 수 있다.	자기 주도 학습 능력 및 자기 성찰 능력 향상
교사로서의 전문성	AI(예: ChatGPT, Gemini 등)를 수업 자료나 질문 설계에 활용할 경우, 교사는 AI의 단순 소비자가 아닌 비판적 활용자이어야 한다.	미래 교육 환경에서의 도구 활용 능력 및 수업 혁신 능력 강화
창의적 전환 학습	AI의 답을 최종적인 '정답'으로 보지 않고, 오히려 '어떻게 하면 더 좋은 과학 수업 설계나 학습 활동으로 전환하고 발전시킬 수 있을까?'를 탐색하는 것이 필요하다.	주어진 정보에 가치를 더하고 재구성하는 창의적 문제 해결 능력 강화

이론 정리하기

이론	보충하기

■ 인공지능(AI) 교육의 구성과 각 교육내용의 역할

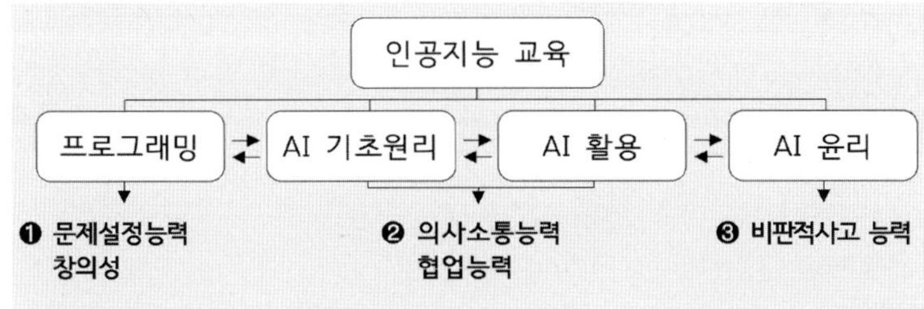

① (지적 창조활동으로서의 프로그래밍) 문제를 인식하여 해결하는 과정을 설계하고 이를 컴퓨터를 통해 시연해보는 칭의력 교육
② (미래 기초의사소통으로서의 AI 원리 활용) 지능을 가진 컴퓨터(AI)와 상호교류한다는 측면에서의 소통 협업 교육
③ (비판적 사고력 함양을 위한 AI 윤리) 알고리즘에 반영된 개발자의 편견 인식, 사회적인 긍정적 부정적 영향에 관한 토론 교육

출처: 교육부(2020). 인공지능시대 교육정책방향과 핵심과제.

■ 인간과 AI가 공존하는 미래 패러다임에서 필요한 교육

구분	과거 페러다임	미래 패러다임	
개념도	〈인간 + 기술 · 도구〉 끝 시작	〈인간〉	〈AI〉 끝 시작
목표	최적의 경로(정답) 찾기	〈인간〉 새 구조(틀) 제시, 구조 간 융합 등	〈AI〉 최적의 경로찾기
역할	관련 지식 활용 · 응용, 관련 기술 · 도구 활용 → 정답 도출	질문제시, 새로운 과정 유도, AI 활용, AI 결과 판단 등	주어진 구조 내 학습 · 추론 → 정답 도출
요구사항	관련 지식, 기술 · 도구 활용법	인간 고유 역량, 미래교양	정확성, 빠른 추론

출처: 교육부(2020). 인공지능시대 교육정책방향과 핵심과제.

초등 과학 수업 「Contents Box」: 수업 설계 아이디어		
학습자료 콘텐츠	**학생활동 콘텐츠**	**에듀테크 콘텐츠**
□ 사진, 그림, 영상 □ 기사, 도표, 문헌 □ 모형, 실물 자료 □ 그 외 (　　　　)	□ 토의 · 토론 □ 실험 · 실습 □ 프로젝트 □ 그 외 (　　　　)	□ AI 도구(Wrtn 등) □ 실감형 도구(AR · VR) □ 협업형 도구(Canva 등) □ 그 외 (　　　　)

초등 임용시험 「Workshop」: 함께 해결하며 전략 연습하기				
분석하기	➤	적용하기	➤	표현하기

적용하기

<table>
<tr><td>주제</td><td colspan="3">엔트리를 통한 데이터 간의 관계를 분석하고 예측 모델을 생성해보기</td><td>학번</td><td></td></tr>
<tr><td></td><td colspan="3"></td><td>이름</td><td></td></tr>
<tr><td rowspan="3">탐구 과정</td><td rowspan="3">예상, 추리, 결론도출</td><td rowspan="3">과학적 소양</td><td>역량</td><td colspan="2">정보처리와 의사결정 능력</td></tr>
<tr><td>지식</td><td colspan="2">지속가능사회를 위한 과학기술</td></tr>
<tr><td>참여와 실천</td><td colspan="2">과학문화 향유
지속가능사회 기여</td></tr>
</table>

확인	

14장 모델 기반 학습

모델이라는 용어는 어떤 대상이나 현상의 물리적인 복제물을 기술하기 위해 우리 학습 환경에서 자주 쓰인다. 플라스틱으로 만들어진 분자 모델이나, 여러 개의 구와 한 개의 전구를 합쳐서 태양계 모델을 구성하는 것 등이 물리적인 모델의 예라고 할 수 있다. 더불어 지도와 도표, 수학적인 알고리즘이나 공식 등도 모델이라고 부른다. 모델이란 용어는 의미가 너무나 다양해서 체계, 물체, 심지어 하나의 과학 개념을 지칭할 수 있다. 따라서 과학교육 문헌에서도 모델은 다양한 정의가 발달되고 널리 사용되어왔다(Kim, 2019).

모델의 가치는 표현하고자 하는 어떤 현상이 어떻게 작동하는지 또는 어떤 개념적 의미를 지니는지에 대해 어떻게 설명할 수 있는지에 따라 좌우된다. 과학교육에서는 과학적 지식의 학습 및 교육뿐 아니라 과학을 이해하고 탐구하는 본질로서의 접근을 위해 모델을 사용한다. 관심이 있는 물체가 만일 직접 관찰하기 너무 작거나(예로 세포) 태양계처럼 너무 큰 경우 모델을 사용하기도 한다. 어떤 경우는 힘이나 전기의 흐름과 같이 직접 관찰하거나 볼 수 없지만 자연에 나타나는 이들의 작용을 이해하기 위해 모델로 표현하는 경우도 있다(Kim, 2019).

이러한 관점에서 과학적 모델이란 크게 시스템(예를 들면, 우리 몸의 호흡기관, 태양계,

전기회로)이나 과학 현상(예를 들면, 계절의 변화, 힘의 작용, 먹이사슬)을 설명하는 것으로 나눌 수 있다. 이를 설명하기 위한 모델은 그림, 도표, 플로 차트, 방정식, 그래프이나 심지어 입체적인 형태를 띨 수 있다. 과학적 모델은 현상체계를 요약하여 단순화하는 표현도구로서 현상체계의 중심적인 특징들을 분명하게 드러내주고 이를 가시화하여 설명과 예측을 가능케 한다. 또한 과학적 모델은 과학 교과과정에서도 중요한 역할을 하는데, 과학적 현상을 학생들에게 이해시키기 위한 중요한 학습 도구로서 역할을 하기도 한다. 특히, 직접 모델을 만들어보는 과학 모델링 활동에 학습자들을 참여시키면 주제에 대한 전문지식, 인식론적 이해, 과학적 지식을 구축하고 평가하는데 따른 기능(skills)을 구축하는데 도움이 될 수 있다. 과학 모델링 활동에서 공통적으로 중요시하는 것은 과학적 모델링 과정에 학생들이 스스로 만든 과학적 모델을 평가하고 수정하는 과정에 직접 참가시키는 것이다(정진규, 김영민, 2016; Kim, 2019).

이론 정리하기

이론	보충하기

■ 과학적 모델의 특성

특성	내용
과학 개념적 맥락	과학적 모델은 과학 지식적 맥락이 뒷받침되어야 하고, 학생의 과학적 지식을 향상시키거나 오개념을 제거할 수 있어야 한다.
시각적 맥락	과학적 모델은 표현하고자 하는 현상과 유사해야 되고 보기 좋아야 한다.
실용적 맥락	모델은 조작하기 그리고 사용하기 쉬워야 한다.
역동적 맥락	학습자의 과학적 개념 이해가 증진됨에 따라 모델은 수정된다.

■ 모델 기반 학습 단계

단계	내용
과학 개념 이해	교사의 설명을 중심으로 과학 개념을 이해한다.
모델 설계	학생들은 과학 개념을 모델로 표현하기 위한 다양한 방법을 생각한다. 모델 제작을 위해 필요한 재료를 선정하고 자신만의 구조를 설계한다.
모델 표현	과학 개념의 구조적 특징을 효과적으로 설명할 수 있도록 정교화하여 시각화한다.
모델 검증	학생들은 표현한 모델의 구조적 장단점을 논의하고 구조적 한계점을 보완할 방법을 생각하고 추가로 반영한다.
모델 평가	과학 개념적, 시각적, 실용적, 역동적 맥락에서 모델의 특징을 평가한다.

초등 과학 수업 「Contents Box」 : 수업 설계 아이디어		
학습자료 콘텐츠	**학생활동 콘텐츠**	**에듀테크 콘텐츠**
□ 사진, 그림, 영상 □ 기사, 도표, 문헌 □ 모형, 실물 자료 □ 그 외 (　　　　)	□ 토의 · 토론 □ 실험 · 실습 □ 프로젝트 □ 그 외 (　　　　)	□ AI 도구(Wrtn 등) □ 실감형 도구(AR · VR) □ 협업형 도구(Canva 등) □ 그 외 (　　　　)

초등 임용시험 「Workshop」: 함께 해결하며 전략 연습하기				
분석하기	➤	적용하기	➤	표현하기

적용하기

<table>
<tr><td rowspan="2">주제</td><td rowspan="2">모델 제작을 통한 구조적 과학적 개념 이해하기</td><td>학번</td><td></td></tr>
<tr><td>이름</td><td></td></tr>
</table>

<table>
<tr><td rowspan="3">탐구 과정</td><td rowspan="3">측정, 추리, 의사소통</td><td rowspan="3">과학적 소양</td><td>역량</td><td>과학적 탐구력</td></tr>
<tr><td>지식</td><td>시스템과 상호작용</td></tr>
<tr><td>참여와 실천</td><td>과학문화 향유</td></tr>
</table>

확인	

15장 현대 과학철학

과학철학은 과학의 발전과정을 지식에 대한 인식, 과학 지식의 형성 과정, 검증, 변화에 대한 관점에서 이해하는 학문이다. 과학철학은 전통적 과학철학과 현대 과학철학으로 나눈다. 전통적 과학철학은 17세기 이후 산업혁명을 거쳐 발달하였고 20세기 초반 후기 실증주의가 등장하기 전까지 철학적 배경이 되었으며 객관적으로 관찰 가능한 사실들을 과학 지식 형성의 모든 것으로 보았다. 반면 현대 과학철학은 반증주의가 전통적 과학철학에서 현대 과학철학으로 넘어가는 과도기적 역할로 작용하면서 관찰은 과학 지식을 증명하는 수단으로 보고 있다.

포퍼의 반증주의(反證主義, falsificatonism)

반증주의 기본 이론은 과학의 발달은 반증을 통해 이루어진다는 것이다. 이러한 반증주의는 포퍼(Poper, 1968)의 저서 The logic of Science Discovery에서 그 의미가 잘 나타나고 있다. 이 저서에 따르면 과학 지식은 객관적 사실에 의해서 두루 인정받은 보편타당한 방법에 따라 형성된 반면에 언제든지 반증이 가능한 이론으로 구성되어 있다고 주장한다.

이러한 과학 지식의 형성은 문제 인식에서 시작되어 일종의 가설이 형성되고 실험적으로 엄격한 검증 과정을 거친다. 검증 결과 수정을 거치고 기존 이론과 합치되어 또 다른 실험을 통해 부정될 때까지 이론으로 받아들여진다. 이러한 과정을 통해 과학 발전으로 이어진다는 관점이 반증주의의 핵심이론이다.

반증주의는 과학 지식은 그 자체가 객관적인 절대적인 진리로서 받아들이는 것이 아니라 잠정성을 가지며 언제나 반증을 통해 발전 가능하다는 것에 기본 생각을 두고 있다. 따라서 반증주의 목표는 가설을 귀납적으로 일반화하는 것에 있는 것이 아니라 좋지 못한 가설을 반증하여 기각하는 데 있다. 반증주의 관점에서는 반증 가능성이 큰 이론이 더 좋은 이론으로 보고 있다.

반증주의에서 가설은 핵심적인 구성요소인데, 반증 가능성이 큰 가설을 대담한(bold) 가설, 반증 가능성이 낮은 가설을 조심스런(cautious) 가설이라고 한다. 반증주의에서는 바로 대담한 가설을 제시하고 실험을 통해 그 가설을 반증하는 과정을 거치면서 과학이 발전한다고 본다.

쿤의 패러다임과 과학혁명

쿤(Kuhn, 1996)은 과학의 발전은 기존 이론의 수정·보완에 의해서 발달한다기보다 기존 이론을 부정하고 근본적으로 새로운 아이디어로부터 발전한다고 주장하였다. 쿤의 이론은 한 시대의 사람들의 근본적인 인식 체계나 이론적 틀인 패러다임(paradigm)의 변화에 두고 있다.

쿤은 과학이 '전과학', '정상과학', '과학위기', '과학혁명', '새로운 정상과학', '새로운 과학위기'와 같이 끝이 열린 과정에 따라 계속 발달한다고 설명하였다. 전과학은 패러다임이 부재한 단계를 의미하며, 정상과학은 하나의 패러다임이 존재하여 그 패러다임에 따라 연구를 수행한다. 과학위기는 패러다임에 예외나 변칙사례가 쌓이게 되어 위기를 맞게 되는 것을 말한다. 이어서 과학혁명으로서 패러다임의 전환이 발생한다. 새로운 정상과학은 새로운 패러다임이 받아들여지는 것을 말한다.

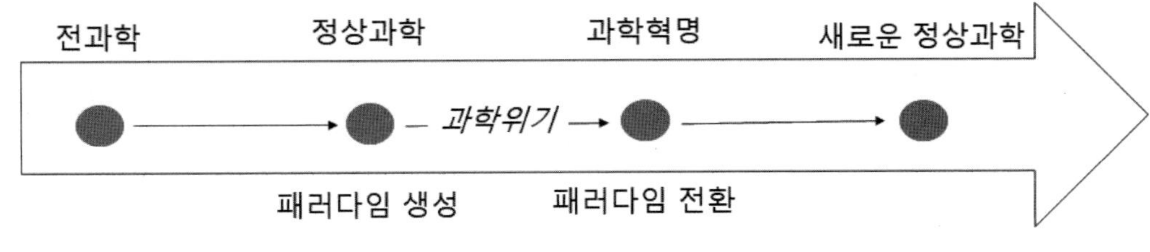

과학혁명의 구조

라카토스의 연구프로그램

라카토스(Lakatos)는 과학 지식이 성장하는 과정과 그 방향을 분석하는 기본 단위를 연구프로그램(research programme)이라고 하였다. 라카토스는 정적인 의미가 강한 '이론'이란 말 대신에 역동적인 의미가 있는 '연구프로그램'이라는 개념을 사용하였다.

라카토스의 연구프로그램은 개념적 구조와 방법론적 규칙으로 구성된다. 개념적 구조는 견고한 핵(hard core; 중핵)과 보호대로 구성되고 방법론적 규칙은 긍정적 발견법과 부정적 발견법으로 구성된다. 중핵은 특정 가설의 가장 핵심적인 주장을 담고 있는 기본원리로 연구프로그램이 전개되어 가는 기본적인 지침이다. 보호대는 견고한 핵을 보조하는 보조가설과 이론의 특성을 구체화하는 기본 조건, 관찰 자료에 대한 가정들로 구성된다. 방법론적 규칙은 긍정적 발견법과 부정적 발견법으로 구분할 수 있고 중핵은 긍정적 발견법과 부정적 발견법을 통해 보호대에 의해 유지된다. 긍정적 발견법이란 연구자들이 무엇을 추구해야 하는지를 지시하는 것으로 견고한 핵을 보강하기 위하여 어떻게 변화 발달 수정할 것인지에 대한 제안과 시사점으로 구성된다. 부정적 발견법은 연구자들이 무엇을 피해야 하는지를 지시하는 것으로 견고한 핵을 수정하지 않고 원래의 상태로 유지하려는 노력이다.

새로운 불일치 현상이 발견될 때마다 보호대에 의해 적절히 대응하게 되면 그 이론은 발전적이 되며, 그렇지 못하면 퇴행적으로 된다. 발전이 퇴행을 압도하면 이 프로그램은 계속 발전적이 되는 것이고 그 반대로 새로운 보호대가 적절히 대처하지 못하면 그 프로그램은 퇴행적이 되는 것이다(권재술 등, 1998).

연구프로그램 구조(권재술 등, 1998)

낯설게 하기와 기존의 틀 흔들기

과학 하는 사람들은 새로운 문제를 발견하기 위하여 처음에 접하는 현상에 대해서 낯설어하며 낯선 환경에서 과학 하는 것에 대해 경험을 하면서 자연스럽게 익숙해질 필요가 있다(김동렬, 2023c).

과학은 완전한 새로운 것에서 시작하는 것이 아니다. 쿤은 기존의 전통적 연구에서 공유된 가치와 신념, 방법을 토대로 문제를 하나하나 해결해 가는 것이 과학적 패러다임의 의미를 지닌다고 하였다. 즉, 과학 패러다임은 과학자들에게 인정되고 알려진 그리고 타당한 연구방법을 제시되고 이에 맞추어 진행된다는 것이다. 그만큼 과학 패러다임은 정상과학으로서 과거에 증명된 즉 성공한 과학적 발견에 바탕을 두고 진행하는 연구 활동을 의미한다. 따라서 정상과학은 널리 통용되는 과학교재의 형태이며 심화 활동의 기반이 된다. 이러한 쿤의 관점에서 과학의 경계넘기를 해석하면 우리는 안정된 정상과학에서 출발하여 경계지점에서 각종 과학 행위를 하고 심화 활동으로 경계넘기를 시도해야 한다고 볼 수 있다(김동렬, 2023c).

라카토스 또한 쿤의 패러다임과 비슷한 개념으로 연구프로그램이라는 용어를 사용하였다. 연구프로그램은 견고한 핵과 이를 둘러싸고 있는 보호대, 발견영역으로 구성된다. 견고한 핵은 과학지식의 기본적 기초적 원리로서 보호대에 의해 보호받는다. 보호대는 견고한 핵을 보충하는 보조 가설이다. 발견영역은 핵심적인 연구 관점인 견고한 핵의 논리가 적용되지 않는 특수한 사례에 맞닥뜨렸을 때 견고한 핵의 보강과 유지 역할을 한다.

이러한 패러다임과 연구프로그램은 과학이라는 틀에서 적합한 연구문제와 연구방법을 제시하여 과학자의 연구 활동을 과학체계가 허용하는 범위내에 한정하는 경향이 있다. 즉, 일반적으로 과학 체계적 장안에서 연구문제와 연구방법을 선정하고자 한다. 이러한 틀 안의 일정한 규정안에서도 새로운 지식을 발견해 나갈 수 있다. 그러나 패러다임이 경직될수록 기존의 연구문제와 연구방법에 익숙해져 새로운 지식의 발견에 방해요인으로 작용할 수 있다. 안정된 과학은 창조적 사고 및 기존의 장의 밖에서 추측을 시도하는 것을 억제할 수 있다. 패러다임의 경직성은 과학교육에서는 교사의 태도와 자세에 달려 있다. 따라서 교사가 기본의 패러다임에서 벗어나 새로운 문제를 제기하기 위해서는 기존의 틀을 흔들어야 한다(김동렬, 2023c).

해결하기

찬희네 조는 잎에서 만든 양분 확인하기 실험활동을 다음과 같이 진행하였다.

■ 잎에서 만든 양분 확인하기

■ 무엇이 필요할까요?

크기가 비슷한 고추 모종 두 개, 어둠상자, 큰 비커(500 mL), 작은 비커(200 mL) 두 개, 뜨거운 물(80 ℃~100 ℃), 따뜻한 물, 알코올, 유리판, 핀셋, 페트리 접시 두 개, 아이오딘-아이오딘화 칼륨 용액, 스포이트, 실험용 장갑

■ 어떻게 할까요?

1. 크기가 비슷한 고추 모종 두 개를 빛이 잘 드는 곳에 둡니다.
2. 고추 모종 한 개에는 어둠상자를 씌우고, 다른 한 개에는 씌우지 않습니다.
3. 이렇게 하는 까닭을 생각해 봅시다.
4. 다음 날 오후에 각 고추 모종에서 잎을 땁니다.
5. 다음 ①~③의 과정으로 잎에서 만든 양분을 확인합니다.

❶ 큰 비커에 뜨거운 물을 담고 알코올이 든 작은 비커에는 각 고추 모종에서 딴 잎을 넣습니다.

❷ 작은 비커를 뜨거운 물이 들어 있는 큰 비커에 넣은 뒤 유리판으로 덮습니다.

❸ ❷의 작은 비커에서 꺼낸 잎을 따뜻한 물로 헹군 뒤 페트리 접시에 놓고 아이오딘-아이오딘화 칼륨 용액을 떨어뜨려 색깔 변화를 관찰해 봅시다.

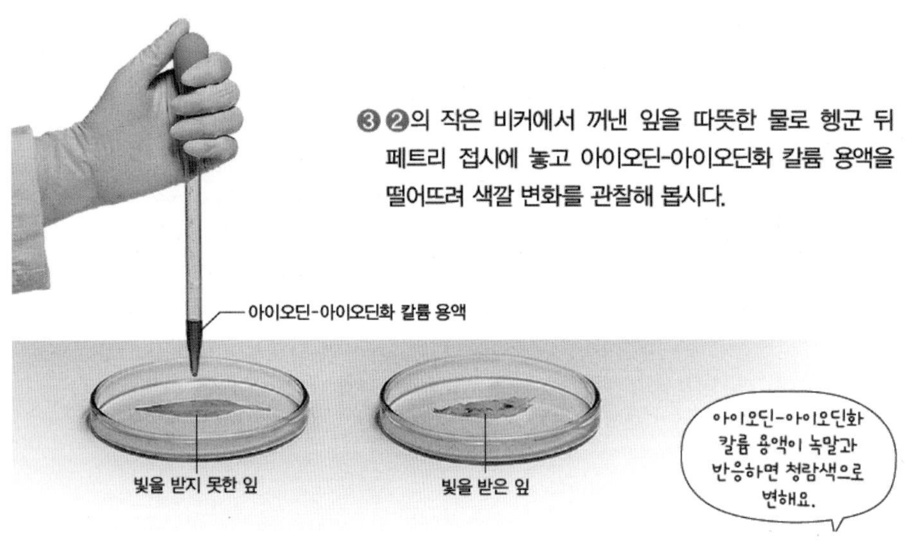

생각해 볼까요?

실험으로 알게 된 사실은 무엇일까요?
잎 모양이 대부분 납작한 까닭을 잎이 하는 일과 관련지어 생각해 볼까요?

출처: 교육부(2019). 식물의 구조와 기능. 6-1 과학 국정 교과서.

교사는 광합성은 잎뿐만 아니라 줄기에서도 일어난다는 것을 보여주기 위하여 선인장의 줄기 부분을 동일한 방법으로 실험해 결과를 보여주었다. 그러나 찬희네 조 학생은 '광합성은 잎에서만 이루어진다'라고 주장하면서 관찰 사실을 받아들이려 하지 않았다. 이러한 상황을 라카토스의 연구프로그램 이론으로 설명한다면, 견고한 핵(hard core)', '보호대(protective belt)', '부정적 발견법(negative heuristic)에 해당하는 학생의 생각과 행동은 각각 무엇이겠는가?

견고한 핵(hard core) :

보호대(protective belt) :

부정적 발견법(negative heuristic) :

확인	

16장 선행조직자 개발하기

1. 목적

과학 교과에서는 학습 동기유발 활동이 중요하다. 이와 관련하여 과학 교육적 이론을 적용한 학습 동기유발 활동을 개발하는 것이 중요한데, 대표적인 이론이 오수벨(Ausubel)의 선행조직자이다. 선행조직자는 새로운 학습 과제를 제시하기에 앞서서 제시하는 것으로 새로운 학습 과제보다 추상성, 일반성, 포괄성의 정도가 높은 자료이다. 선행조직자는 기존의 지식과 새로운 학습 과제 사이의 인지 다리 역할을 하며 새로운 학습에 정착지를 제공하여 포섭을 도와줌으로써 관련 학습 활동을 도와준다. 이러한 선행조직자를 활용하는 방법을 고민해 봄으로써 초등학생의 동기유발과 새로운 과학 지식체계를 구성하는 데 도움을 주는 교사가 될 수 있을 것으로 기대된다.

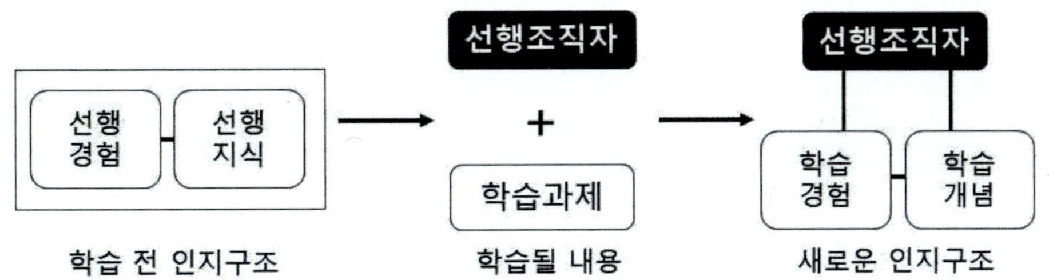

선행조직자의 인지적 다리 역할

2. 과정

1) 과학 교과서를 분석하여 적용 차시를 선택한다.
2) 적용 차시의 선행조직자의 제시방법, 유형, 역할을 사전 설계한다.
3) 사전 설계한 내용을 바탕으로 구체적인 선행조직자 내용을 구성한다.
4) 관련 이론은 (원격)강의나 유의미 학습 이론서를 통해 학습할 수 있다.
5) 분량은 2쪽 이내로 한다.
6) 피드백을 받고 보완하여 최종 완성한다.

3. 방법 및 예

개발자	( )학과 학번( ) 이름( )
적용 단원 및 차시 명	■ *과학 교과서 생명 영역의 단원명과 해당 차시 명* 6-2 우리 몸의 구조와 기능-혈액은 우리 몸에서 어떻게 이동할까요?
선행조직자 명	■ *개발한 선행조직자 이름(함축적 제목)* 물을 순환시키는 펌프
선행조직자 제시방법 및 선정 이유	■ *사진, 그림, 글, 모식도, 도표, 모형 영화, 컴퓨터 프로그램, 개념도, 실물 등이 될 수 있으며, 그 유형이 해당 차시에 선행조직자로 적합한 이유를 설명한다.* 분수 모형 펌프에 의해 물이 순환하는 모습을 보여주기 위하여 실제 분수를 제시한다. 이를 통하여 순환의 의미와 중요성을 이해할 수 있도록 한다.

<table>
<tr><td>선행조직자 유형 및 선정 이유</td><td>

■ 설명조직자: 학습자의 인지구조 내에 학습과제(활동)와 관련된 개념이 존재하지 않을 때, 즉 개념이 생소할 때 개념을 쉽게 도입하여 학습과제를 정착시키는 역할
■ 비교조직자: 학습자의 인지구조 내에 학습과제(활동)와 관련된 개념이 존재하기는 하지만 이들이 서로 연결되지 못하고 독립적으로 존재할 때에 이들을 관련시켜 주는 역할
■ 해당 차시의 교과서 내용을 살펴보고 관련 개념이 존재하고 있을 가능성을 판단하여 그 이유를 설명한다.

■ 비교조직자
평소 아이들은 집이나 공원 등에서 분수를 보았을 것이다. 그러나 물을 계속 순환시키는 데 역할을 하는 펌프의 역할에 집중하지 않았다. 따라서 실제 분수 모형을 보여주면서 펌프가 무슨 일을 하는지, 물이 어떻게 되는지 이야기하고 오늘 학습해야 할 심장은 어떤 일을 하는지에 대해 분수 모형과 연결하여 이야기할 수 있다.
</td></tr>
<tr><td>선행조직자 역할: 모식도로 나타내기 및 설명하기</td><td>

■ 학습 전 내용/학습할 내용/선행조직자와의 관계를 모식도로 표현하고 설명하기, 선행조직자의 역할이 나타나야 한다. 자기만의 모식도로 구성한다.
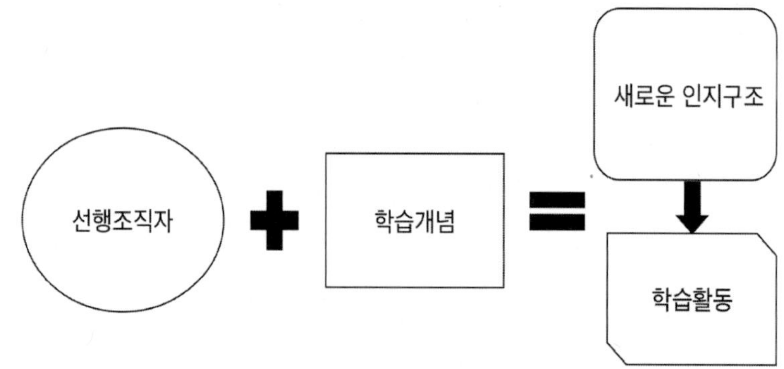

아이들은 심장이 무엇인지에 대해서는 말을 할 수 있다. 그러나 그 역할에 관해서 이야기해보라고 요청하면 기능적인 이야기보다는 구조적인 이야기를 많이 한다. 선행조직자로서 분수 모형을 보여주고 펌프가 물을 순환시키는 역할을 보여주면 아이들은 우리 몸에서 심장이 혈액을 순환시킨다는 것을 쉽게 비유하여 이해할 수 있다. 즉, 선행조직자를 학습개념과 연결함으로써 구조적 기능적 특징의 이해를 도울 수 있다. 그 과정에서 심장의 역할에 대해 새로운 인지구조가 형성되고 그 인지구조를 탐구활동에 적용하여 '심장이 하는 일 알아보기' 활동을 잘 해결할 수 있을 것으로 기대된다.
</td></tr>
<tr><td colspan="2">

개발한 선행조직자
■ 실제 수업시간에 활용할 내용 그대로 기술한다. 사진은 반드시 개발자가 촬영해야 한다. 책이나 인터넷 등의 자료를 사용하지 않는다.

찬희네 집에 들어가면 거실을 시원하게 그리고 분위기 있게 만들어 주는 분수가 있습니다. 분수 안에는 작은 구피(guppy)도 있지만, 가운데에 펌프도 있습니다. 이 펌프가 분수 안의 물을 위로 쏘면서 물을 계속 순환시키는 역할을 하고 있습니다. 이 펌프가 없다면 통 안에 물이 고여 있고 깨끗하지 않은 모습일 것입니다. 그러나 펌프에 의해 물이 계속 순환하면서 맑은 상태를 유지하고 있습니다. 우리 몸속에도 펌프와 같은 역할을 하는 심장이 있습니다. 오늘 심장의 구조와 기능을 함께 이해해 봅시다.
</td></tr>
</table>

4. 양식

개발자	( )학과 학번( ) 이름( )
적용 단원 및 차시명	
선행조직자 명	
선행조직자 제시방법 및 선정 이유	
선행조직자 유형 및 선정 이유	
선행조직자 역할: 모식도로 나타내기 및 설명하기	

개발한 선행조직자

17장 포토보이스 활동

포토보이스(Potovoice) 활동은 아이들이 직접 사진을 촬영하고 이를 통해 가치관이나 생각을 표현하도록 하여 과학을 심층적으로 탐구하는 것이다(김동렬, 2020).

포토보이스는 1992년 Wang과 Burris(Caroline C. Wang & Ann Burris)에 의해 처음 알려지게 되었다. 이들은 중국 시골 여성의 건강과 관련된 요구들을 평가하기 위하여 여성들에게 직접 사진을 촬영하도록 하고 그에 대한 이야기를 하도록 하였다. 이 프로젝트는 여성 인권 측면에서 정책적으로 큰 반향을 보였다. 포토보이스는 사진을 통해 목소리를 낸다는 의미인 만큼 프레이리(Freire)의 비판적 의식화 교육론에 영향을 받았다. 즉, 포토보이스는 어떤 현상에 대해 비판적으로 접근하도록 하여 비판의식을 고취시킬 수 있으며 참여자들이 촬영한 사진에 대해 정책적으로 영향을 미칠 수 있을 정도의 이야기가 소개되도록 하고 있다(김동렬, 2020).

Wang과 Burris는 포토보이스를 특정 사진 기술을 통해 커뮤니티를 식별하고 표현하고 향상시킬 수 있는 과정으로 해석하였다. 또한 지식의 생산을 기반으로 한 사례인 포토보이스는 세 가지 주요 목표를 가지고 있다고 하였다. (1) 사람들이 자신의 공동체의 강점과 관심사를 기록하고 반영 할 수 있게 한다. (2) 사진에 대한 크고 작은 그룹 토론을 통해 중요한 문제에 대한 중요한 대화와 지식을 증진하고, (3) 정책 입안자에게 다가 가기 위해.

포토보이스의 가장 큰 특징은 참여자들이 활동의 주도권을 갖고 참여하는 것이다. 따라서 포토보이스는 참여적 행동연구의 일종이며 참여자들의 행동적 관점을 사진과 이야기로 풀어내는 것이다. 포토보이스를 수행할 때는 항상 염두해야할 것은 아이들이 얼마나 적극적으로 참여하는 것이 포토보이스의 관건이다. 한편으로는 그만큼 사진촬영은 아이들에게 흥미와 동기를 유발할 수 있는 대표적인 교수학습 전략이 될 수 있다. 특히 시각자료는 언어적 자료보다 아이들이 접근하기 쉬우며 많은 의미를 담고 있으며 창의적으로 해석하고 접근하는데 도움을 준다(김동렬, 2020).

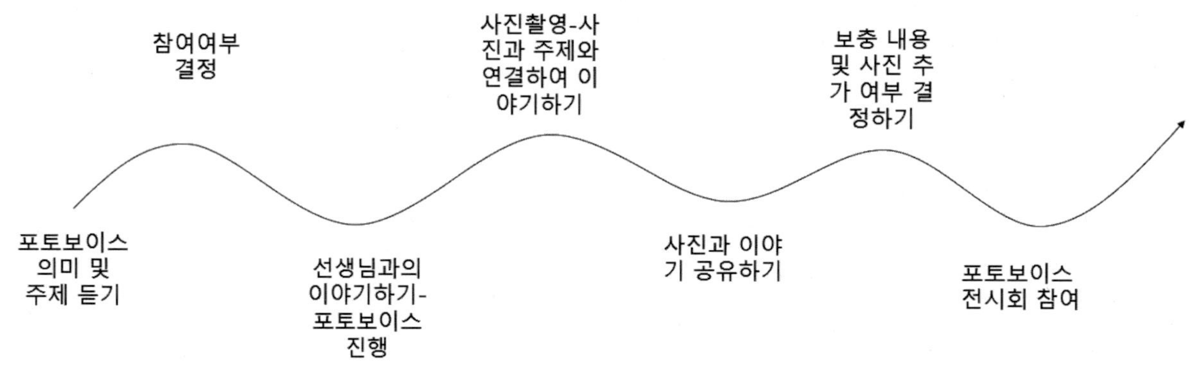

포토보이스 과정(김동렬, 2020)

포토보이스 활동에서의 각 단계별 교사와 학생의 주요 역할과 유의점을 정리하면 다음과 같다. 이러한 역할과 유의점은 활동의 주제에 따라 차이가 있으므로 사전 점검하는 교사의 태도가 중요하다. 그 과정에서 학생들에게 전달할 수 있는 내용이 자연스럽게 정리되게 된다.

포토보이스 단계별 교사와 학생의 역할, 유의점(김동렬, 2020)

단계	교사	학생
주제 정하기	포토보이스 주제로 적합한 주제 제시(비판적 사고를 유도할 수 있는) 교육과정과의 연계성 고려하기	주제의 의미를 파악
참여자 선정	포토보이스 주제와 관련하여 대상을 선정	자신의 역할을 파악하기
오리엔테이션 하기	사진 촬영시 윤리적으로 위배되지 않도록 지도하기	사진 촬영시 유의점 유념하기 촬영장소 생각하기

단계	교사	학생
촬영(활동)하기	안전에 관한 안내	주제와 관련된 것을 생각하며 촬영하기 촬영도구 점검하기 안전에 유의하기
자료 검토 및 면담하기	사진의 의미 파악하기 전시회 작품으로 적합성 판단	사진에 대해 추가 설명하기 사진에 대한 자신의 생각 표출하기
전시회하기	전시회를 위한 준비물 파악하기(이젤, 전시판, 의자, 간식, 방명록 등)	전시회를 위한 활동지 완성하기 친구들의 작품 감상하기 본인의 작품과 비교하기

활동지는 학생들에게 포토보이스 작성 방법을 안내하는 역할을 하거나 전시용으로 그대로 활용할 수 있으므로 학생들의 수준이나 활동 주제에 따라 변영하여 활용할 수 있다. 활동지는 비어있는 상태로도 제공하고, 각 부분에 무엇을 작성해야하는지에 대한 안내하는 내용도 포함된 형식인 안내서도 함께 제공하는 것도 좋은 방법이다.

<table>
<tr><td>제목</td><td colspan="3"></td></tr>
<tr><td>촬영자</td><td></td><td>촬영일시 및 장소</td><td></td></tr>
<tr><td colspan="4">〈사진 1장 첨부〉

–제목과 관련된 대표 사진 1장 선정
–대표사진을 선정하기 위해서는 최소 3~4장 중에서 1장을 선정하는 과정이 필요함
–선생님과의 토의 과정을 통해서 선정할 수도 있음</td></tr>
<tr><td colspan="4">〈제목과 관련된 사진에 대한 설명〉

사진은 ooo과 관련하여 어떤 의미를 내포하고 있으며,
이 사진에 나와 있는 것처럼 ooo은 이런 저런 특징을 가지고 있어야 한다고 생각하며,
이 사진에서 내포하고 있는 의미처럼 ooo은 이렇게 이루어져야 하며,
이 사진과 관련하여 과거 어떠한 경험이 있었으며,
이 사진처럼 어떠한 문제점을 안고 있으며 앞으로 (정책적으로) 개선해야 되어야 하며 등의 내용을 기술하면 된다.

–모든 사람에게 설득이 되도록 구체적이고 자세히 기술해야 한다.
–누구나 쉽게 이해할 수 있는 내용으로 기술해야 한다.</td></tr>
</table>

제목			
촬영자		촬영일시 및 장소	
〈사진〉			
〈제목과 관련된 사진에 대한 설명〉			

초등 과학교육론 추가 활동 노트 1

활동 주제	
활동 일	20 년 월 일

확인	

초등 과학교육론 추가 활동 노트 2

활동 주제	
활동 일	20 년 월 일

확인	

2부

과학과 수업 모형 및 교수학습 분석

1장 과학과 수업 모형

효과적인 과학 수업을 하기 위해, 그리고 유능한 과학교사가 되기 위해서는 과학 교수법, 교실 분위기, 개인적 특성, 교사의 전문성 요소의 상호작용이 적극적으로 이루어져야 한다(김동렬, 2012).

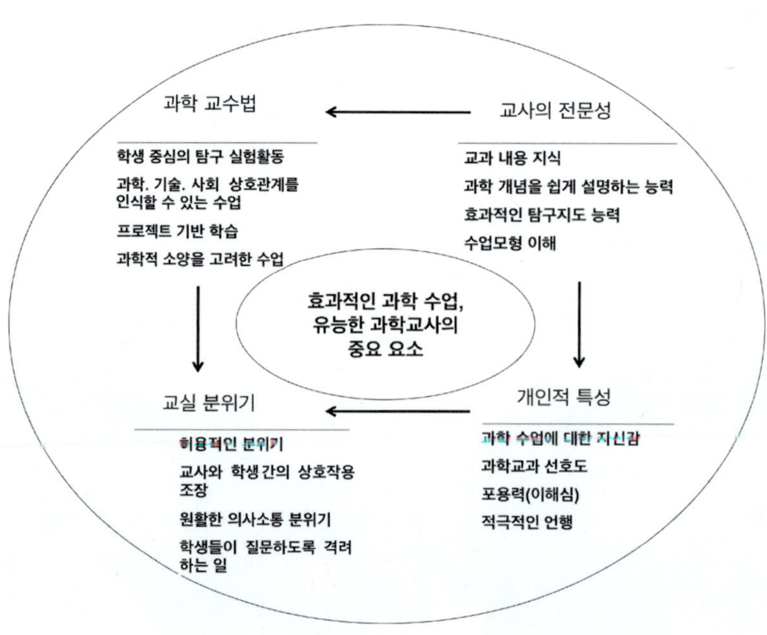

효과적인 과학 수업, 유능한 과학교사의 중요 요소(김동렬, 2012)

특히, 개정 과학과 교육과정에서는 학습 내용, 실험 여건, 지도 시간 및 학생의 능력과 흥미 등 개인차를 고려하여 적절한 학습 방법을 활용할 것을 강조하고 있다. 또한, 강의, 실험, 토의, 조사, 프로젝트, 과제 연구, 과학관 견학과 같은 학교 밖 과학 활동 등의 다양한 교수학습 방법을 적절히 활용한 학생 참여형 수업을 제공할 것을 강조하고 있다(교육부, 2022). 이러한 맥락에서 교수학습 방법의 대표적인 형태가 수업 모형이다. 수업 모형은 건물의 목적과 용도에 맞게 구조화하거나 건축가가 해야 할 일이 포함된 청사진에 비유할 수 있다.

수업 모형이 효과적으로 적용할 경우 다음과 같은 장점이 있다.

1) 체계적인 수업계획을 구성할 수 있어 수업 차시의 특징을 반영할 수 있고 교사가 의도한 대로 수업을 진행할 수 있다.
2) 학습목표 달성을 위하여 사전에 교사와 학생이 무엇을 준비해야 하는지를 체계적으로 접근할 수 있다.
3) 수업의 질을 평가할 수 있는 잣대가 될 수 있다.
4) 사전 경험을 끌어내고 사후 학습 내용을 연결할 수 있는 유의미 학습의 교수 도구로 작용할 수 있다.
5) 제공할 다양한 표상 방식을 정리할 수 있고 평가에 대한 방향을 제시할 수 있다.

최고의 수업을 했다는 의견을 듣기 위해서는, 교수학습 목표 달성과 함께 학생과 수업 상황에 적합한 수업 모형을 선정하고 활용하는 것이 중요하다. 타당한 수업 모형을 선정하기 위해서는 각 모형의 이론적 배경을 이해해야 한다.

초등 과학과에서 적용되고 있는 수업 모형은 경험 학습 모형, 발견 학습 모형, 탐구 학습 모형, 순환 학습 모형, 개념 변화 학습 모형, STS 모형, POE 모형, 4MAT 모형, 발생학습 모형, STAD 협동학습 모형 등이 있다.

1. 경험 학습 모형

1) 이론적 내용

경험 학습 모형은 학생들의 구체적이고 조작적인 감각 경험을 강조한다. 학생이 오감을 이용하여 자연 현상을 실제로 관찰하고 사물을 직접 다룬다. 학습 활동이 기본적인 탐구 과정에 초점을 두는데, 특히 관찰과 분류 같은 기초 탐구 과정 기능에 초점을 둔다. 학습 활동을 통하여 어떤 개념을 일반화하거나 과학자다운 실험 활동을 내세우기보다는 사실적인 경험을 유발하는 데 중점을 두므로, 전 조작기(preoperational thought stage) 학습자에게 효과적이다. 이 모형의 일차적 목표는 정보 수집이다.

2) 단계

자유 탐색	학습자 중심의 자료 탐색, 기초 탐구 과정 적용
⇩	
탐색 결과 발표	탐색 결과 발표, 토의
⇩	
교사의 안내에 따른 탐색	추가로 탐색해야 할 내용 안내, 교사의 안내에 따른 학생들의 추가 탐색
⇩	
탐색 결과 정리	종합 정리, 이해

3) 적용상의 유의점

기초 탐구 과정을 기본으로 수행할 수 있는 경험을 제공해야 한다.

기초 탐구 과정을 바탕으로 한 탐구를 수행할 수 있는 수업 환경을 확보해야 한다.

학생들의 적극적인 참여를 유도하기 위하여 효과적인 동기유발 자료와 모둠을 구성하는 것이 필요하다.

2. 발견 학습 모형

1) 이론적 내용

Kauchak과 Eggen은 발견 학습의 단계를 '자료제시', '자료관찰', '추가자료제시', '추가관찰', '일반화 추리', '정리', '발전' 7단계로 구성하였으나, 우리나라에서는 교육과정 특성에 맞게 5단계로 단순화하였다. 즉, 교사의 역할이 많이 들어간 안내된 탐구 형태가 우리나라의 발견 학습 모형이다. 발견 학습 모형은 학생들의 탐구활동을 통해 얻은 과학 지식과 규칙성을 통하여 일반화에 도달하는 귀납적인 형태를 띤다.

2) 단계

탐색 및 문제 파악	해결해야 할 탐구 문제 파악

⇩

자료 제시 및 관찰 탐색	준비한 1차 자료 제시, 1차 탐구 활동을 통하여 규칙성 끌어내기

⇩

추가 자료 제시 및 관찰 탐색	준비한 2차 자료 제시, 2차 탐구 활동을 통하여 규칙성 끌어내기

⇩

규칙성 발견 및 개념 정리	2차에 걸친 탐구활동을 통하여 도출한 과학적 규칙성 정리하기

⇩

적용 및 응용	과학적 규칙성을 새로운 문제에 적용하기

3) 적용상의 유의점

발견 학습을 사전적 의미로 해석하면 학생의 역할이 많이 들어가므로 유의해야 한다. 발견 학습은 교사가 자료 제시 및 관찰 탐색을 위한 활동을 제시하고 학생들이 진행하는 것이므로 안내된 탐구 형태로 진행되어야 한다.

규칙성 발견 및 개념 정리 단계에서는 교사의 질문기법을 통하여 학생들이 규칙성을 찾아낼 수 있도록 유도해야 한다.

추가 자료 제시 및 관찰 탐색 단계에서는 앞 단계의 탐구 활동과 유사한 활동을 제시하여 규칙성을 쉽게 찾아낼 수 있도록 해야 한다.

3. 탐구 학습 모형(가설 검증 수업 모형)

1) 이론적 내용

탐구 학습 모형은 좁은 의미로 가설 검증 수업 모형이라고도 한다. 탐구 학습 모형은 과학의 본성 중에서 반증주의에 바탕을 두고 있다. 반증주의에 의하면, 학생이 자연에 대한 문제나 의문을 가지고 이를 해결하기 위해서 가설을 형성하고 자료를 모으고 분석함으로써 가설을 검증하고 결론을 유도하는 것을 곧 '과학 하는 것'으로 본다. 탐구 학습 모형에서는 학생들을 꼬마 과학자로 생각한다. 발견 학습 모형을 적용한 활동에서는 학생에게 자료가 먼저 제시되는데 비하여 탐구 학습 모형을 적용한 활동에서는 학생이 문제를 인식하고 가설을 설정하는 일이 먼저 온다.

2) 단계

탐색 및 문제 파악	해결해야 할 문제를 파악

⇩

가설설정	조작 변인과 종속 변인을 고려한 가설설정

⇩

실험 설계	가설을 검증하기 위한 실험 설계

⇩

실험	변인통제를 고려한 실험 수행 관찰, 분류, 측정 등을 통하여 데이터 수집

⇩

가설검증	실험 결과를 해석하여 가설의 수용 혹은 수정을 결정

⇩

적용 및 새로운 문제 발견	새로운 문제 상황에 적용

3) 적용상의 유의점

형식적 조작기의 학생에게 적당한 모형이므로 초등 고학년 학생들에게 적용한다.

학생들은 가설과 변인통제의 의미를 이해하고 탐구 학습 모형을 진행해야 한다.

실험을 통한 데이터 수집은 관찰, 분류, 측정 등 기초 탐구 과정을 바탕으로 이루어져야 한다.

실험 수행을 통해 가설을 수정할 필요가 있다면 다시 가설설정 단계로 되돌아간다.

4. 순환 학습 모형

1) 이론적 내용

초등학교 수준에서 과학의 기본개념 학습을 촉진시키고, 탐구를 통한 사고 기능을 개발하기 위하여 Karplus가 SCIS(Science Curriculum Improve Study) 프로그램에 도입한 모형이다. Karplus는 과학학습을 학습자가 새로운 추리양식을 형성하는 자기조절 과정으로 보았다. 순환 학습 모형은 개인의 새로운 추리양식은 파지하고 있는 기존의 추리양식과 다른 사람이 가지고 있는 생각과의 상호작용을 통해서 형성된다고 주장하는 피아제(Piaget)의 인식론을 이론적 배경으로 하고 있다. 순환 학습 모형은 첫 번째 단계부터 탐색 단계를 통하여 새로운 개념을 발견할 수 있도록 유도하므로 탐구 지향적 수업 모형이다.

2) 단계

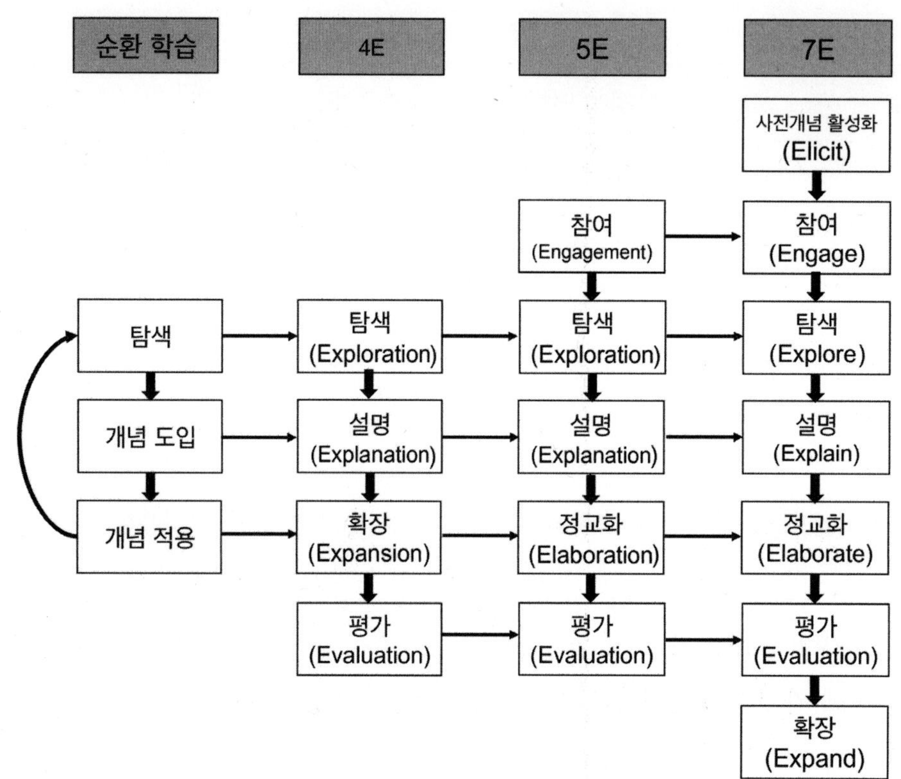

3) 적용상의 유의점

도입 단계인 탐색 단계에서 인지적 갈등을 유발할 수 있어야 한다.

탐색 단계에서 지나치게 동기유발 자료 제시에 초점을 두면 오히려 탐색의 적극성이 떨어지고 인지갈등 유발의 방해요인으로 작용할 수 있다.

4E~7E의 평가 단계는 단계별로 제대로 수행하고 있는지 확인하는 평가이다.

순환학습 모형을 적용한 교수학습 과정안 작성 시 마지막 부분에는 학생들이 개념 적용에 어려움을 느끼는 경우 다시 탐색 단계로 돌아간다는 의미의 문장을 기술해야 한다.

5. 개념 변화 학습 모형

1) 이론적 내용

학생들의 오개념은 쉽게 과학적 개념으로 바꾸기 어려우므로 특별한 교수학습 전략이 필요하다. 이에 Driver가 Posner 등(1982)의 개념 변화 4가지 조건을 바탕으로 오개념을 교정하기 위해 개발한 모형이다. 개념 변화 4가지 조건은, '자신의 생각에 불만을 갖는다(dissatisfaction)', '새로운 개념을 이해할 수 있다(intelligent)', '새로운 개념이 옳은 것 같다(plausible)', '새로운 개념이 활용 가능성이 많다(fruitful)'이다.

2) 단계

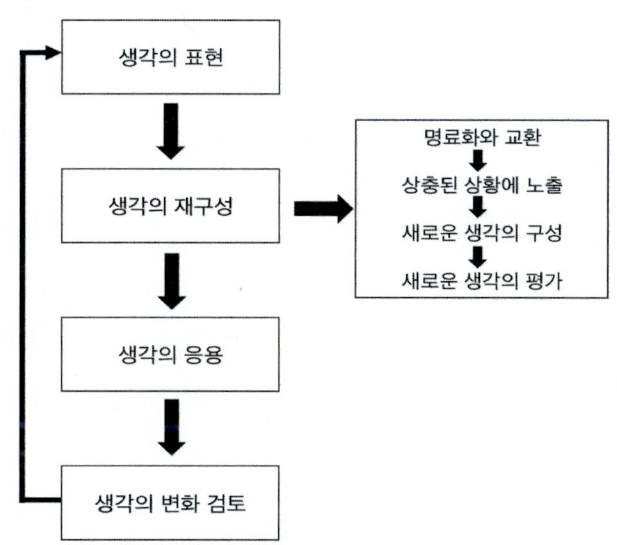

3) 적용상의 유의점

생각의 표현 단계에서는 글이나 이미지로 표현하는 것이 마지막 단계인 생각의 변화 검토 단계에서 개념 변화 내용을 파악하기 쉽다.

생각의 재구성 단계의 상충된 상황 노출 단계에서는 인지갈등을 유발할 수 있는 탐구 활동을 제시해야 한다.

생각의 재구성 단계의 새로운 생각의 구성 단계에서는 새로운 개념을 이해할 수 있도록 교사의 설명이 필요하다.

새로운 생각의 평가 단계에서는 학생의 성취도를 평가하는 것이 아니라 학생이 새로운 개념이 얼마나 옳은지를 느낄 수 있는 상황을 제시하는 것이 중요하다.

소크라테스식 교수법에 따라, 학생들을 모순 상황에 노출시켜 인지갈등을 유발하고 학생은 자신의 생각을 수정 또는 확장하여 과학적 생각으로 변화시킬 수 있도록 지속적인 발문을 해야 한다.

개념 변화 학습 모형은 단계가 복잡한 만큼 블록타임제를 적용할 필요가 있다.

6. STS 모형

1) 이론적 내용

STS는 1980년에 Ziman이 저술한 '과학과 사회에 대한 『교수학습(*Teaching and Learning about Science and Society*)』이라는 저서에서 처음 사용된 것으로 알려져 있다.

STS 모형은 실생활 문제와 이러한 문제를 해결할 수 있는 능력을 함양하는 것을 목적으로 한다. 교실 밖 과학활동, 역할놀이, 비형식 교육기관 견학 등과 같은 방법과 함께 활용되고 있고, 학생들이 지역, 사회, 국가, 세계적 수준의 과학기술 관련 문제를 인식하고 스스로 해결 방안을 모색하게 하며 책임 있는 의사결정을 내리는 것을 강조한다(교육부, 2019). 과학의 중요성과 흥미를 유발하기 위하여 기술 및 사회와 연관시키고자 하였고, 과학적 소양의 함양을 추구하는 데 목적을 두고 있다. STS 모형은 과학과 기술에 관련된 실생활의 문제들을 인식하도록 하고, 사회에 나가서 직면하게 될 과학-기술-사회와 관련된 문제들을 현명하게 대처할 수 있는 문제해결력을 기르는 데 목적이 있다. 또한, 모든 이를 위한 과학에 기초를 두고 있으며 평생학습 방법으로 활용될 수 있다.

2) 단계

문제 소개	문제를 다양한 학습자료를 통해 제시
⇩	
탐색	문제를 해결하기 위한 방안 조사 전문가에게 조언 구하기
⇩	
설명 및 해결 방안 제시	최선의 해결 방안 마련
⇩	
실행	해결 방안 실행에 옮기기

3) 적용상의 유의점

해결 방안을 실행에 옮기는 단계까지 가야 하므로 블록타임제를 고려해야 한다.

실행 단계의 전략은 실제 학생들이 수행할 수 있는 수준으로 해야 한다.

STS 모형은 학생들의 실천을 강조하므로 인지적 관점의 단원보다는 학생들이 직접 구상한 해결 방안을 적용하기에 적절한 단원을 선정해야 하는데, 환경 관련 단원이 적절하다.

7. POE 모형

1) 이론적 내용

과학교육에서는 직접 실험해 보고 그에 따른 현상을 증명하는 것과 동시에 실험 전후의 생각 변화도 비교 분석하는 것도 중요하다. POE 모형은 인지갈등을 유발하는 효과적인 방안 중 하나로 설명 단계에서는 예상한 것과 관찰한 것 사이의 모순을 해결한다.

2) 단계

예상 (Prediction)	탐구 결과를 예상해 보기

⇩

관찰 (Observation)	예상한 것을 토대로 직접 탐구를 수행해 보기 탐구 결과를 정리하기

⇩

설명 (Explanation)	예상한 것과 관찰한 결과의 차이점 정리하기 새롭게 알게 된 내용 정리하기

3) 적용상의 유의점

관찰 단계에서 탐구 결과를 각자 작성한 다음, 모둠원끼리 비교하는 것이 필요하다.

설명 단계는 관찰한 결과를 설명하는 것이 아니라 예상과 관찰한 결과 사이의 차이점이 무엇인지 설명하고 새롭게 알게 된 내용을 정리하는 단계이다.

POE 모형을 순환학습 모형과 관련짓는 경우가 많으나, 별도의 차별화된 수업 모형으로 생각해야 한다.

과학 글쓰기 전략으로 POE 모형을 사용하고자 할 때는 설명 단계 다음에 과학 글쓰기 활동을 별도로 추가하는 것이 좋다.

8. 4MAT 모형

1) 이론적 내용

구성주의에 기반을 두고 만들어진 4MAT(4 Mode Application Technique) 모형은 아이들의 학습 형태와 뇌 우세성(brain dominance)을 고려하는 교수학습 모형이다(McCarthy, 1987)

4MAT이 제시한 활동들을 완료하기 위해서 학생들은 우세한 뇌와 열세적인 뇌를 모두 사용해야 한다. McCarthy(2000)는 학습 형태를 상상적 학습자, 분석적 학습자, 상식적 학습자 그리고 역동적 학습자라는 4가지 항목으로 분류했다. 4MAT은 이 4가지 그룹에 속한 각각의 다양한

학습자들이 자신들을 위해 적합한 시간을 보낼 수 있도록 설계되었다. 4MAT 모형은 규정된 순서에 따라서 진행되는 8단계 지도 계획을 사용하는 순환적 학습 환경과 함께 사용된다. 8단계들은 간단히 경험, 창조, 조사, 상상, 정의, 시도, 확장, 개선 그리고 통합으로 지칭될 수 있다. 4MAT 모형은 학생들의 경험과 함께 수업을 시작해 경험을 새로운 개념들과 통합하는 것에 관심을 둔다. 게다가, 실생활 경험에 관한 토론은 오개념을 파악할 수 있는 좋은 기회를 제공한다(김동렬, 2017b). 4MAT 모형은 학생들이 가질 수 있는 의문인 '왜', '무엇이', '어떻게', '만약'과 같은 질문들에 대한 답을 찾을 수 있도록 하는 활동들을 제공한다. 4MAT는 주요 학습 양식을 구분하는 것이 가능하며 개인들은 4가지 항목(혁신적, 분석적, 상식적 그리고 역동적)으로 분류될 수 있다. 혁신적 학습자들은 학습 경험에 개인적 참여를 필요로 하며, 사회적 상호작용을 통해서 배운다. 이들은 '왜?'라는 질문을 통해 학습을 위한 이유와 그 동기를 구한다. 분석적 학습자들은 전문가들이 생각하는 것을 알기 원하며, 아이디어들을 통한 생각에 따라 학습한다. 이들은 '무엇을?' 추구하는 학습자들로서 지식을 확인하고 추구한다. 상식적 학습자들은 사물이 작동하는 원리를 알고자 하며, 실제 활동들을 통해서 배운다. 이들은 '어떻게?'를 추구하는 학습자들로 자신들이 배우고 있는 것을 개인적으로 사용하려는 방법을 이해할 수 있도록 해주는 지식을 찾고 적용한다. 역동적 학습자들은 다양한 활동들을 선호하며 자기발견을 통해서 배운다. 이들은 '만약?'을 추구하는 학습자들로 새로운 경험을 만들기 위해 자신들의 학습을 확장한다(김동렬, 2017b).

2) 단계

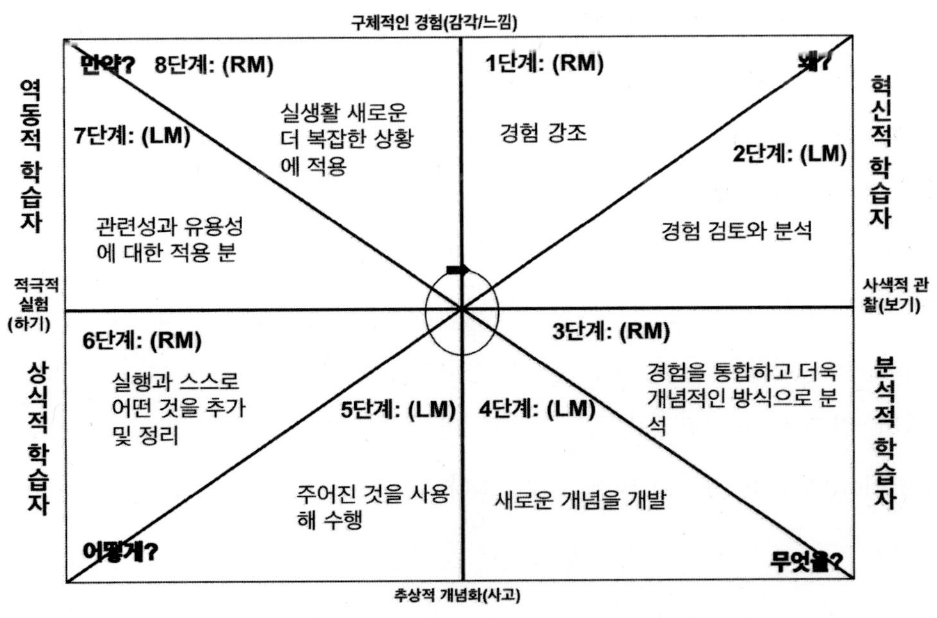

4MAT 모형의 8단계(김동렬, 2017b; McCarthy, 1987)

3) 적용상의 유의점

교사들은 다양한 학습 양식을 가진 학생들을 위한 다양한 경험을 할 수 있는 활동을 제시하여 학생들이 활동에 적극적으로 참여하도록 장려해야 한다.

4MAT에서 교사는 수업시간에 모든 학습자의 학습 양식을 고려하여 학습 양식에 적합한 전략을 고루 사용하는 전략이 필요하다.

학생들은 서로 다른 학습 양식을 가지고 있지만, 학생들이 가장 강하게 가지고 있는 학습 양식이 무엇인지 말할 수 없는 경우도 있으므로 교사는 4MAT 모형을 적용한 수업에서는 학습 양식을 모두 조절하는 방법으로 수업을 해야 한다.

9. 발생학습 모형

1) 이론적 내용

발생학습(generative learning strategy)은 듀이와 피아제의 심리학과 과학의 본성, 과학적 태도에 대한 관찰에 기원을 두고 있는 수업모형으로 구성주의적 인식론의 틀 내에서 학습자들의 개념변화에 대한 적절한 방안을 제시하고 있다. 발생학습의 기본적인 가정은 학습자는 학습을 자신의 사전 학습과 일치시키려는 생각과 새로운 의미(meanings)를 발생시키는 경향이 있다는 것이다. 이러한 생각과 의미는 학습자의 기존 지식과 새로운 자극에 부가되는 것이다. 의미를 구성하기 위해서는 학습자의 입장에서 노력이 요구되며, 자극과 저장된 정보 사이에 연계가 발생되어야만 한다. 발생학습의 개념은 일부 정보처리 심리학(information processing psychology)에 기초를 두고 사고에 초점을 두며, 토론을 장려하는 목적을 위해 다양한 구성 요소를 포함한다. 발생학습이 중점적으로 다루는 내용은 주의를 기울이는 감각 입력(sensory input), 자극과 기억 저장의 측면 간에 발생하는 연계, 감각 입력으로부터의 의미(meanings)와 장기 기억에서 인출된 정보의 구성, 그리고 마지막으로, 구성된 의미의 평가 및 가능한 포섭(subsumption)에 기존 개념이 미치는 영향이다.

2) 단계

예비 단계	교수활동의 준비단계로 교사가 가르쳐야할 내용에 대해 교사 스스로의 개념을 확인하고, 학생들은 그들의 기존 지식을 사용하여 질문을 탐구한다.

⇩

초점 단계	직접 학생들을 탐구활동에 참여시키고 그들의 현재 지식을 반영하여 결론을 이끌어 내도록 한다.

⇩

도전 단계	상호작용을 강조하는 단계로 교사는 학생들을 이질집단으로 편성하고 기존에 알고 있던 개념과 탐구를 통해 얻은 개념을 비교하여 모순이 있는 경우, 그 이유에 대해서는 동료나 교사와의 토론을 유도한다. 이를 통해 인지적 비평형을 해결한다.

⇩

적용 단계	해당 과학적 개념을 새로운 지식을 강화하고 깊이를 더해주는 새로운 문제들에 적용할 기회를 제공한다.

3) 적용상의 유의점

발생학습은 새로운 자료를 탐구하기 전에 이전에 형성된 기존 개념을 이끌어내고 이를 새로운 자료를 탐구하는데 활용한다. 이어서 탐구한 결과를 동료들 혹은 교사와 토론을 바탕으로 결과를 도출하여 새로운 개념적 구조를 형성하도록 하는 것이다. 따라서 탐구과정에서 교사는 적극적으로 상호작용을 유도해야하며 학습자의 수준을 고려하여 이질모둠을 편성해야 한다. 이를 통해 비고츠키(Vygotsky)의 근접발달대(Zone of Proximal Development: ZPD)에 도달할 수 있다.

10. STAD 협동학습 모형

1) 이론적 내용

과학교육에서 협동과 상호작용은 단순히 교수학습의 전략일 뿐만 아니라 달성해야 할 학습목표이기도 하다. 이에 과학교사들도 문화적으로 언어적으로 다양한, 보다 더 많은 학습자료와 학생들과 상대하고 포괄적인 교실환경 안에서 반응하는 교육을 시도하기 때문에 협동은 중요하다(Kim, 2018).

협동학습은 학생들이 집단 안에서 활동하고 창조하며 지식을 공유하면서 더 많은 것을 배우게 될 것이기 때문에 능동적인 학습과정이다. 협동학습은 교사들이 사용하는 하나의 방법으로서 토론 기회를 학생들에 제공하고 학생들이 필수적인 사회기술을 개발하는 데 도움을 줄 수 있다. 이러한 활동을 통하여 학생은 용기와 비판적인 사고를 갖게 되고 자신만의 학습에 기꺼이 책임을 지게 된다. 협동학습 방법 중 대표적인 형태는 성취과제분담학습(Students Team Achievement Divisions, STAD)으로 모둠별로 문제를 해결하여 학생들로 하여금 적극적으로 배우도록 자극을 주기 위한 방법이다. STAD는 협동과 자기통제의 학습기술들을 촉진하는데 도움을 주는 협동학습전략 중의 하나이다. STAD에서 학생들은 학습능력이 좋은 학생들과 학습능력이 약한 학생들이 서로 혼합되어 모둠은 4~5명의 학생들로 구성된다. 이들은 개별적인 퀴즈에 답한 후 개별적인 점수향상을 위하여 협동하고, 모든 모둠은 높은 학업성취를 달성하는 최고의 모둠이 되기 위하여 전체 조원의 성적향상에 책임을 지는 형태로 진행된다(Kim, 2018).

2) 단계

STAD 협동학습 수업 단계별 활동 내용(Kim, 2018)

수업 단계	활동 내용
1단계 **수업소개** **(20분)**	교사의 주도하에 과학지식을 제공한다. 학생들이 이해하고 있는지를 자주 구체적 질문을 하여 확인한다. 학습을 시작할 때 명료하게 진술된 학습목표를 제시한다. 다양한 학습 자료를 활용하여 학생들의 학습내용을 이해시킨다. 소집단 활동 내용을 안내한다.

수업 단계	활동 내용
2단계 소집단 활동 (20분)	소집단은 학업 능력을 고려하여 이질적으로 구성한다(30명을 5명씩 6개의 소집단으로 구성하고 각 소집단의 성취수준이 거의 같게 하기 위하여 상위 등위부터 A에서 F까지 차례로 배정하고 그 다음부터는 역으로 F에서 A까지 배정한다.). STAD 수업에서 학생들이 지켜야 할 모둠활동 규칙들에 대해 설명하고 학급게시판에 붙여서 모든 학생들이 이를 따르도록 한다. 모둠 구성 초기에 모둠 이름과 팀 구호를 만들어 단결과 팀 협동정신을 형성하게 한다. 실험실 외에 교실에서 활동을 수행할 경우 책상 배열은 같은 집단 학생들이 마주 보면서 상호작용이 이루어지도록 한다. 교사의 수업 후 수업 내용에 대한(수업내용을 정리할 수 있는) 학습지를 팀원별로 각각 1부씩 배부한다. 학생들이 문제를 함께 토론하고, 답들을 비교하고, 모둠원들의 잘못된 개념들을 바로잡는 과정을 거친다. 과정과 방법을 설명해주기도 한다. 학생들은 같은 모둠 동료가 학습지를 모두 학습했는지 확인해야 하며 모둠원 모두가 학습지를 완전히 이해하기 전에는 학습을 끝마쳐서는 안 된다. 교사는 교실을 순회하면서 잘하는 모둠을 칭찬하거나 각 모둠의 구성원들이 얼마나 잘 하는지 관찰하고 기록한다.
3단계 평가 (5분)	모둠 활동이 끝난 후에 퀴즈 문제를 통해 개인별로 퀴즈를 치르게 된다. 학습지는 교과서 내용 및 전개 순서에 따라 구성하며 퀴즈는 조별 학습지 작성의 참여도를 높이기 위하여 학습지 문제와 유사하게 구성한다. 퀴즈 문제는 간단한 서답형으로 차시별 5문항을 출제한다. 평가시간은 전체 수업시간을 고려하여 적절히 배부한다. 퀴즈를 푸는 동안에는 모둠원끼리 서로 상의할 수 없으며 각자 개인적으로 퀴즈를 해결한다.
4단계 개별 및 소집단 향상점수	퀴즈의 채점은 수업시간 외 시간에 교사가 채점한다. 퀴즈는 5문항으로 문항 당 2점씩 10점 만점으로 한다. 각각의 학생들에게 기본 점수를 부여하는데 전 단원의 형성평가에 대한 평균 점수를 기준으로 도출한다. 학생들은 퀴즈 점수가 기본 점수에서 향상된 점수에 대하여 모둠을 위한 추가 점수를 획득하게 된다. 개별적인 학생의 역할의 정도는 각 학생의 퀴즈 점수가 학생들의 학습 이력을 바탕으로 얼마나 많이 자신의 과거 평균점수, 혹은 현재의 점수에서 향상되었는지에 의해 가려진다. 모둠 점수는 개인의 향상점수에 의한 모둠 점수로 모둠원들의 향상점수를 더해서 모둠 구성원으로 나누어 구한다. (기준 점수보다 5점 이상 낮을 때의 향상점수는 0점, 기준 점수보다 1~5점 낮을 때에는 10점, 기준 점수보다 0~5점 높을 때는 20점, 기준 점수보다 5점이 넘게 높을 때는 30점을 부여한다.) 향상점수 계산법은 소집단 구성 시 사전에 게시판에 게시하여 학생들이 자신의 점수 기여에 대해 이해할 수 있도록 한다.
5단계 소집단 점수 게시와 보상	모둠별 점수는 수업 이후에 학급 게시판에 공개한다. 모둠별 점수가 1위인 팀에게는 팀 구성원들에게 과학박사 별칭, 약간의 간식, 그리고 수행평가에 약간의 플러스 점수를 주고, 2위 팀에게는 팀 구성원들에게 과학박사 별칭과 약간의 간식을 준다. 팀의 평균점수는 모둠별 점수표에 매 차시별 기록한다.

3) 적용상의 유의점

구성주의에서의 협동학습은 구성원 모두 나름의 역할을 수행하는 것이므로 STAD 협동학습 수업에서도 소외되는 구성원이 없도록 한다.

STAD 협동학습의 규칙은 사전 안내를 통하여 이해하도록 하고 모둠별 공정한 학습 진행이 이루어질 수 있도록 한다.

모둠원 모두가 학습지를 완전히 이해하기 전에는 학습을 끝마쳐서는 안 되므로 협동학습 주제에 따라 블록타임제 적용을 고려해 보아야 한다.

11. 과학과 수업 평가지

과학과 수업 평가지는 평가의 목적에 따라 다양한 유형으로 개발될 수 있으나, 예비교사의 과학과 공개수업 평가지는 전체적인 준비와 수업, 적용된 수업 모형 전략, 전체적인 수업전략, 개인적 특성 등의 요소로 구성할 수 있다. 예비교사의 공개수업 평가는 점수를 매긴다는 의미보다는 연습 과정에서 좋은 점과 개선점을 찾아 더 나은 수업을 준비하는 과정의 일부로 보아야 한다.

과학과 수업 평가지–탐구 학습 모형 적용 수업(양미선 등(2012)의 평가지를 보완한 것임)

구분	수업 행동 유형	수업진단 (평가)				
		①	②	③	④	⑤
전체적인 준비와 수업	수업(공개수업) 준비를 철저히 하였다.					
	해당 과학과 수업 모형을 적용한 이유가 수업에서 잘 드러났다.					
	의도한 학습목표를 달성하기 위한 수업이 이루어졌다.					
탐색 및 문제 파악 단계	효과적인 질의–응답을 통해 학생들이 탐구문제를 능동적으로 파악하도록 유도하였다.					
가설설정 단계	질문과 토의를 통해 학생들이 탐구문제에 대해 올바른 가설을 세우도록 유도하였다.					
	학생들이 올바르지 않은 가설을 세웠을 때, 적합한 피드백을 하여 어떤 점이 가설로써 문제가 있는지를 명확히 설명해 주었다.					
실험설계 단계	학생들이 가설을 검증하기 위해 변인통제 등 실험방법을 탐구하는 기회를 제공하였다.					
	학생들이 실험을 위해 필요한 실험기구를 먼저 생각해 보는 기회를 제공하였다.					
실험 단계	학생들이 실험과정에 따라 정확한 탐구 과정 기능(관찰, 분류, 측정, 예상, 추리 등)을 활용하도록 지도하였다.					
	학생들이 주도적으로 실험을 수행하도록 유도하였다.					
가설검증 단계	적합한 표상이나 논리적 체계를 활용하여 가설을 검증하도록 지도하였다.					
적용 단계	새로 알게 된 과학 개념이나 규칙성을 실제 상황에 적용하여 설명할 수 있도록 지도하였다.					
전체적인 수업 전략	이번 수업에 적용한 교수학습 전략들은 앞으로 현장에서 활용 가치가 높다.					
	기존 과학 본성적 접근(탐구, 지식)과 새로운 교수학습 전략 시도 혹은 새로운 수업재료(환경) 사용 간에 경계를 효과적으로 넘나들고 있다(조화롭게 진행하고 있다).					
	'도전적 수업'으로 미래의 수업에 있어 성찰의 기회가 될 수 있다.					
개인적 특성	학생들과 상호작용이 활발한 수업을 진행하였다.					
	강의실 전체에 주의를 집중하면서 수업을 진행하였다.					
	시선처리, 제스처 등이 다양하며 자연스러웠다.					
	목소리 톤의 변화 성조, 크기, 속도 등이 전체적으로 매끄러웠다.					
	강의실 공간을 효율적으로 활용하였다. –이동동선					
총평 (강점과 개선점 중심으로 기술함)						

12. 분석 노트

과학과 수업 모형

세부 주제	

경험 학습 모형

발견 학습 모형

탐구 학습 모형

순환 학습 모형

개념 변화 학습 모형

STS 모형

확인	

과학과 교육과정

세부 주제	

2022 개정 과학과 교육과정 주요 내용

2015 개정 과학과 교육과정 주요 내용

교수요목기 ~ 2009 개정 교육과정 주요 내용

확인	

과학과 수업 평가

수업 단원/ 차시 명	

과학과 수업 모형 특징 및 적용 이유

교과서 수업 차시 분석 내용

과학과 수업 평가지

확인	

2장 교수학습 분석

1. Hyman의 질의응답 분석

Hyman의 질의응답 분석법은 수업 중 교사와 학습자가 주고받는 의사소통 유형을 알아보는 것으로(번영계, 김경현, 2005; Hyman, 1979), 교사와 학습자 사이에 오가는 대화를 중심으로 상호작용이 타당한가, 그렇지 못한가를 찾아내고, 타당하지 못한 상호작용 유형의 경우라면 수업 후 그 원인이 무엇인지를 밝혀내어 다음 수업에 반영하는 것에 목적이 있다(Hyman, 1975, 1980). 이 질의응답 분석법은 수업 중 질의응답 작용을 구조화(structuring), 요청(soliciting), 응답(responding), 반응(reacting)의 네 가지로 구분하고, 이 작용의 분석을 통해 학생의 수업 참여 형태, 수업 참여 정도, 수업전략, 잠재된 수업계획을 알 수 있다(김동렬, 2010).

질의응답 언어 관찰 기준(Hyman, 1975)

- **구조화(structuring)된 언어**: 교사와 학습자 사이의 상호작용을 시작하거나 중지하기 위한 상황을 조성하는 역할을 하는 언어. 예를 들면 교사는 수업시간 중 주의를 집중시키거나 학습 내용의 정리를 위해 흔히 구조화 행위를 한다.
- **요청(soliciting)하는 언어**: 반응을 끌어내고 격려하고 학습자가 어떤 일에 동참하게 하거나 신체적인 반응을 유도하는 언어와 모든 질문
- **응답(responding)하는 언어**: 요청언어의 기대를 만족시키는 것으로 질문에 대해 답하는 언어
- **반응(reacting)하는 언어**: 앞의 상호작용 내용에 대한 수정(설명, 종합, 보충)과 평가(긍정적 혹은 부정적으로)하는 언어

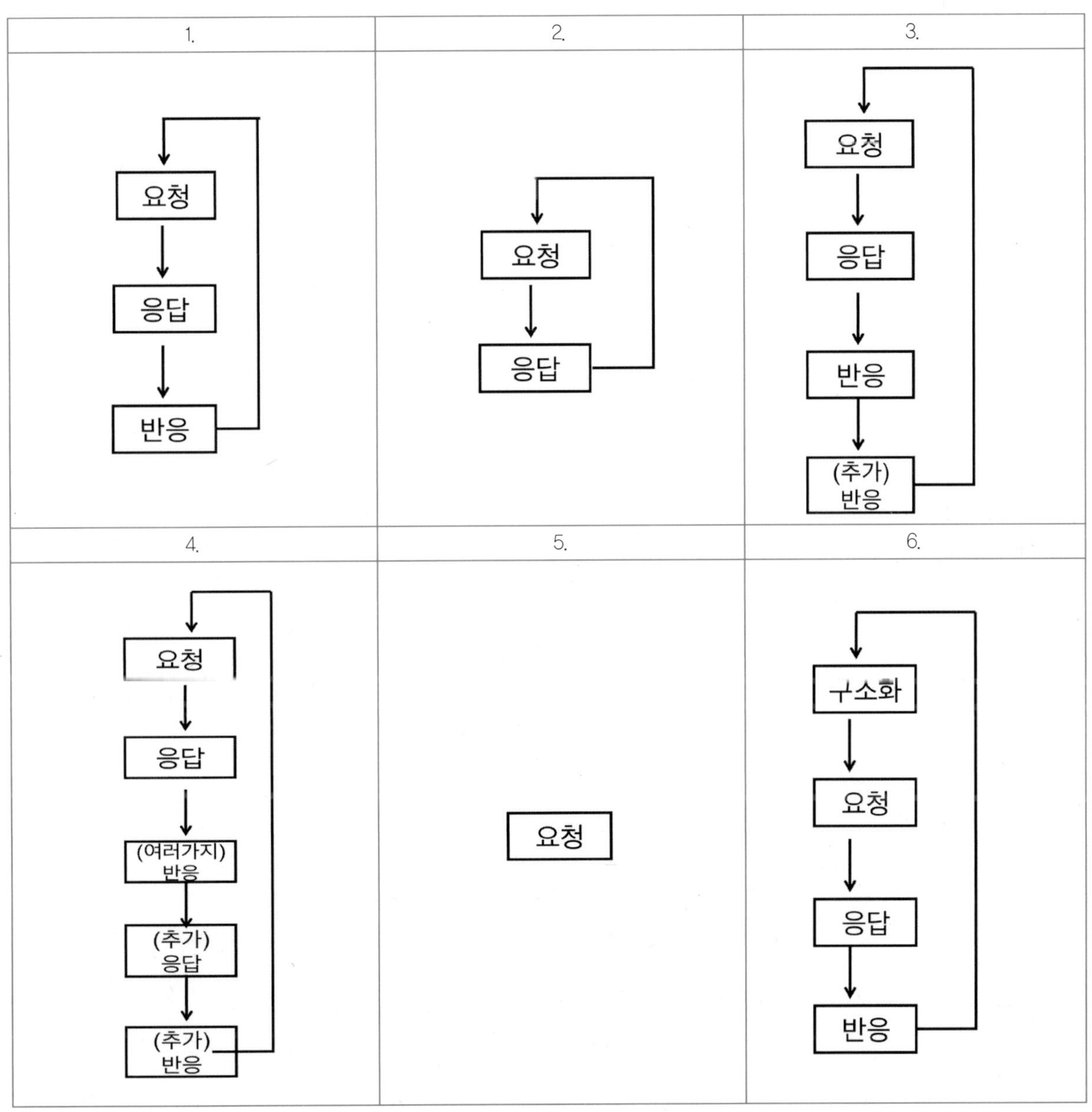

상호작용 유형(번영계, 김경현, 2005; Hyman, 1975)

수업관찰을 위한 단계별 적용절차(김동렬, 2010)

〈단계1〉 질의응답 언어 관찰 기준과 상호작용의 유형을 주의 깊게 읽고 이해한다.
〈단계2〉 관찰자와의 협의를 통해 관찰시간 계획을 세운다.
〈단계3〉 수업을 관찰한다. 관찰기록양식을 사용한다. 사용할 때는 아래의 방법을 따른다.
- 4가지 질의응답 언어에 유념하여 기록한다.
- 질의응답이 진행이 빠르면 관찰기록양식을 여러 장 준비한다.

〈단계 4〉 완성된 기록물로 누가 어떠한 상호작용 언어를 사용했는지 검토한다. 다음 사항을 중심으로 검토한다.
- 누가 구조화의 역할을 하는가?
- 요청하는 사람은 누구인가?
- 누가 응답하는가?
- 누가(주로) 반응하는가?
- 일반적으로 교사의 역할은 무엇인가?
- 일반적으로 학생의 역할은 무엇인가?

〈단계 5〉 상호작용을 Hyman이 제시한 여섯 가지 유형에 따라 분류한다.
〈단계 6〉 관찰한 것과 수업 중 상호작용에 관련된 의견을 기록한다.

2. 스토리라인을 통한 과학교수법 분석

스토리라인 분석은 교사의 교수에 대한 불확실성(uncertainty)에 기반을 두고 있다. 교사의 교수활동에 대한 차별화된 전략, 교과적 지식, 소통적 분위기를 이끌 자원 등의 부족으로 예측이 어려운 환경과 다양성에 노출되는 정도가 많을수록 교수 불확실성은 높아진다. 불확실성은 교사변화에 핵심적인 역할을 하는데, 교사들이 불확실성을 수용하면서 자신의 전문지식을 발전시키기 때문이다(Melville & Pilot, 2014). 교사들이 자신의 실제 교수와 신념이 갖는 유효성에 대해 어느 정도의 불확실성을 수용할 경우 그들은 더 새롭고 더 효과적인 교수실습법을 상상하고 구축하기 시작할 수 있을 것이라고 믿으며, 불확실성을 긍정적인 방향으로 개념화한다. 이러한 불확실성의 수용으로 인해 교사들은 자신의 능력에 대해 더 큰 자신감을 가지게 되며, 그에 따라 자신의 교수법을 실험할 수 있는 기회, 새로운 과목을 교수할 수 있는 기회 그리고 동료 교사들은 물론, 더 큰 사회단체(커뮤니티)와 공동 작업할 수 있는 기회를 가져다 줄 수 있다(김동렬, 2018).

Floden & Buchman(1993), Floden & Clark(1988)은 교사가 가지는 불확실성을 세 가지 측면에서 이야기하였다. 첫째, 교사들은 내용의 범위와 적절한 강조점들에서부터 가르침에 있어 가장 적절한 교수방법의 선택에 불확실성을 가지고 있다. 둘째, 교사들은 자신이 무엇을 아는지 그리고 학생들에게 무엇을 가르쳐야 하는지 확실히 아는 경우가 드물다. 셋째, 교사들은 학습자와의 연결성에 대해 불확실해하며, 상호작용 강화를 위해 무엇을 해야 하는지에 대해서도 불확실하다고 하였다. 따라서 교사들의 과학을 가르치는 방법과 과학 지식, 과학수업에서의 학생들과의 상호작용의 수준을 파악하는 것은 불확실성의 수용을 바탕으로 자기 반성적 기회와 교사의 과학교수에 대한 전문성 발달을 제공할 수 있다(김동렬, 2018).

스토리라인 방법은 수평적 시간의 축에 대비하여 수직축 위에 찍힌 특정 사건에 대한 교사들의 인식이 관계되는 것으로, '무엇이 발생했다'의 단계에서 '그것은 무엇 때문에 발생했다'의 단계로 나아가는 것이다. 경험 및 사건에 대한 주관적 평가들을 수량화하여 응답자들의 담화들을 직접적으로 비교할 수 있고, 그려진 스토리라인을 토대로, 교사의 커리어의 특정 시점에서 교수의 각 측면에 대해 평균과 표준편차를 계산하는 것이 가능하다(Beijaard et al., 1999).

스토리라인을 그릴 때, 교사들은 중요한 현재 및 과거 경험과 사건들에 대한 기억을 탐색해야 한다. 중요한 것은, 가르치는 데 있어 중요한 교직의 요소들을 나타내는 측면들이 사용되었다는 것, 그리고 교사들이 관련 경험과 사건들을 숙고하고 이야기할 수 있다고 확신해야 한다(Beijaard et al., 1999). 그리고 기억 탐색(memory search)에 영향을 준 교사가 높은 지점들(최고점)과 낮은 지점들(최저점)을 명확히 설명할 수 있어야 한다.

스토리라인 분석방법을 처음 사용한 Beijaard 등(1999)의 평가방식에 따라 교사가 자신의 스토리라인을 그려야 하는 그래프의 세로축 상에서 7점 척도가 사용된다. 교수의 해당 측면에 따라, 교사들에게 '매우 긍정적인 것'은 사용된 척도에서 7점, '매우 부정적인 것'은 사용된 척도에서 1점으로 평가하게 된다.

연대순으로 발생 반대순서로 그리는 것은 두 가지 이유에서 중요하다(Melville & Pilot, 2014). 현재에서 과거로 무대를 설정함으로써 교사들의 기억을 환기시키며, 스토리라인의 핵심적인 사건들을 명확하게 할 수 있다. 이 핵심 사건들(개인의 판단에 따른)은 매우 중요한데, 그것이 과거에 대한 학술적 이해와 교수 수행(teaching performance)의 향상을 돕기 위한 이력(biography)의 사용 사이의 균형을 유지할 수 있도록 하기 때문이다.

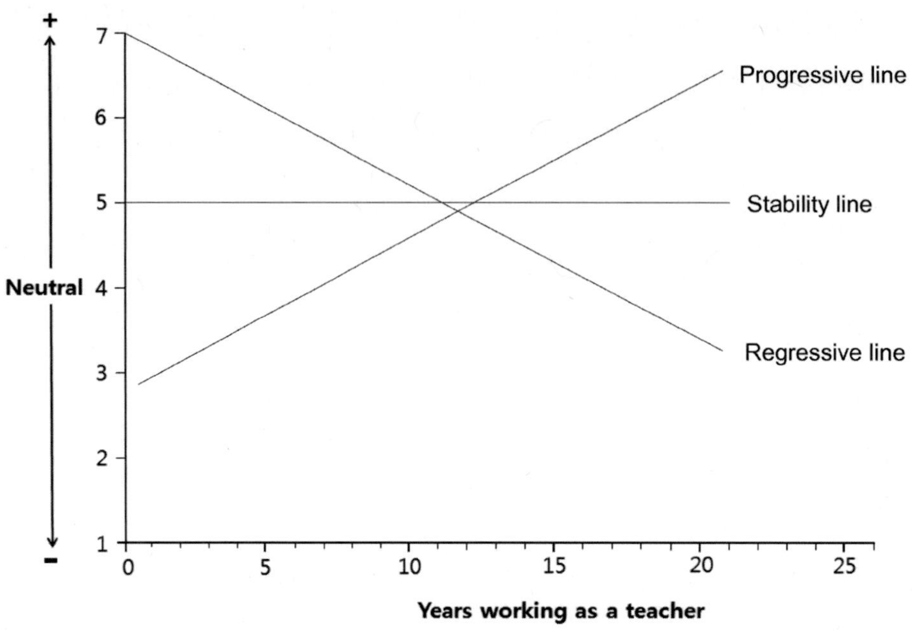

스토리라인 형식 (Beijaard et al., 1999)

- 과학을 가르치던 때를 회상하여 여러분의 전문적 또는 개인적 삶에서 여러분의 **[과학 교수법]**에 부정적이거나 긍정적인 영향을 미쳤었던 '전환점'을 상기시켜 보시오.
- 아래의 그래프에 여러분의 경력상의 다양한 시점에서 여러분의 **[과학 교수법]**이 얼마나 효과적이었는지를 나타내는 선을 그리시오. 현재(오른쪽)에서부터 시작해서 과거로 나아가시오(왼쪽).
- 여러분의 **[과학 교수법]**에 대해 특별히 좋게 느꼈던 시점들을 상기시켜 보고 이것들을 먼저 표시하시오. 교사로서 **[과학 교수법]**이 낮았던 지점들을 상기시켜 보고 이것들을 그다음으로 표시하시오.
- 이제 이 점들을 이어 과학 **[과학 교수법]**에 대해 여러분이 어떻게 느끼는지를 나타내어 보시오.

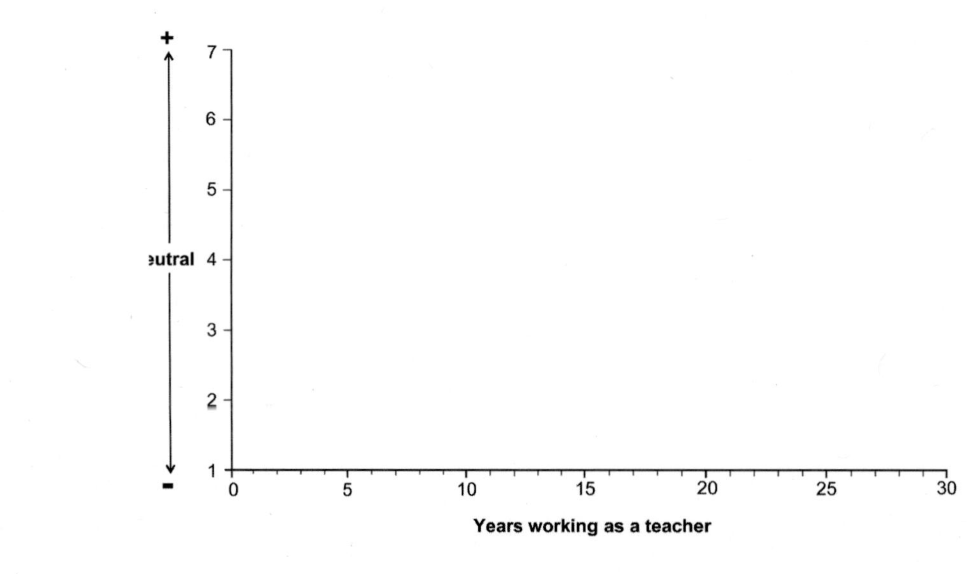

과학 교수법에 대한 스토리라인 분석 도구(김동렬, 2018; Beijaard et al., 1999; Melville & Pilot, 2014)

그래프의 특징들을 설명하시오.

1. 여러분 그래프의 종결점이 시작점과 다른 이유는…

2. 여러분 그래프의 형태에 영향을 미친 사건을 묘사함에 있어 최대한 명시적으로 설명해 주시오. 이들이 **[과학 교수법]**에 어떠한 영향을 미쳤는지에 대해서도 상술하시오.

그래프의 특징/형태	설명
특징 1.	

과학 교수법에 대한 스토리라인 분석 도구(김동렬, 2018; Beijaard et al., 1999; Melville & Pilot, 2014)

3. 학습자 지식 변환 유형 분석

암묵지(tacit knowledge)는 겉으로 드러나지 않으며 개인들에게 내재되어 있어 언젠가 관련 일을 수행할 때 도움이 되는 작용을 하거나 자신도 모르게 적용되는 경험화된 지식을 말한다. 암묵지도 언어로 표현되는 지식과 마찬가지로 경험과 학습을 통해 습득된 것이나 공식화되지 않는 것으로 개인적인 현상이면서 개인적인 해석을 바탕으로 형성된 경험화된 지식이다(김동렬, 2019).

형식지(explicit knowledge)는 어떤 한 형태의 언어로 전달이 가능한 지식으로 연구보고서, 책, 컴퓨터, DB 형태로 기술하여 나타날 수 있는 지식을 말한다. 형식지는 지식을 전달하기 위한 형태로 어느 정도 객관화되어 있으며 밖으로 표출되는 지식이므로 형식화되었거나 검증된 지식일 가능성이 높다. 즉, 암묵지는 내재되어 있는 기술이나 경험이며 형식지는 교과서나 지도서에 있는 실험방법에 관한 매뉴얼이다. 쉽게 말하면, 빙산에서 겉으로 드러나 있는 것이 형식지이며 바닷속에 들어가 있는 몸체가 암묵지로 표현할 수 있다. 따라서 한 사람의 지식을 평가하는 데 있어 형식지만으로 평가가 이루어지면 거대한 빙산의 몸체인 암묵지를 놓칠 가능성이 높다. 이와 같이 Polanyi(1958)는 최초로 지식의 유형을 형식지와 암묵지로 나누었고, Polanyi의 지식 이론을 바탕으로 Nonaka & Takeuchi(1995)는 지식은 형식지와 암묵지 사이의 상호작용의 나선형 과정(Spiral Process)을 통해 창조된다고 보았다.

Nonaka는 지식은 암묵지와 형식지 사이의 상호작용 나선형 과정을 통해 지식이 창조되며 지식변환은 사회화(Socialization), 표출화(Externalization), 연결화(Combination), 내면화(Interanlization) 4가지 창으로 이루어진다고 제안하였다(Nonaka & Konno, 1998). Nonaka의 주장은 생각을 언어로 언어를 형태로 형태를 자신의 역량으로 변화시키는 나선형 프로세스가 작동할 때 개인과 조직은 자기실험과 조직의 목표를 달성할 수 있다는 것이다.

Nonaka의 4가지 지식변환 유형의 기본 특징을 바탕으로 과학 탐구내용에서 나타난 지식변환 유형을 분석할 수 있다. 분석 결과를 바탕으로 효과적인 지식변환의 교수학습 전략을 수립한다면 과학 개념 형성에 유용하게 활용할 수 있을 것이다(김동렬, 2019).

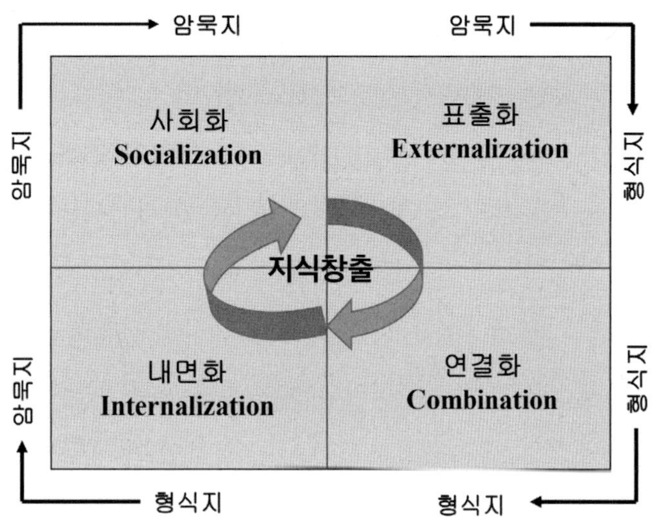

Nonaka's 4가지 지식변환 패턴(Nonaka & Konno, 1998)

Nonaka's 4가지 지식변환 유형과 특성(김동렬, 2019)

지식변환 유형	특징
사회화	• 암묵지를 다른 사람의 암묵지로 전환하는 과정이다. • 말로 설명하기 어려운 지식을 생각 속에 공유하는 과정이다. • 언어에 의하지 않고 체험, 관찰, 모방 등과 같은 신체적이고 감각적인 경험을 통하여 지식이 공유되고 변환되는 과정이다. • 암묵지를 소유하고 있는 사람이 이를 다른 사람에게 여러 노하우를 전수해주는 과정이다. • 실습교육, 브레인스토밍 캠프, 그룹 내의 각종 토의토론, 가상공간에서 주고받는 사이버 커뮤니케이션, 휴식시간의 그룹 구성원 간의 정겨운 대화 등을 들 수 있다 • 개인이 다른 개인과 교류하며 머릿속에 만들어진 자기만의 지식을 보완하는 과정이다. 〈세부 유형〉 • 교실 및 실험실 밖을 배회하면서 암묵지를 획득: 주변 사람들과 대화나 주변 환경을 직접 체험함으로써 정보를 모으는 과정 • 교실 및 실험실을 배회하면서 암묵지를 획득: 교실 및 실험실 각 부문을 돌아다니면서 대화나 관찰을 통해 정보를 모으는 과정 • 암묵지의 축적: 정보수집에 그치지 않고 획득한 지식이나 정보를 자기 머릿속에 체계적으로 저장하는 과정 • 암묵지의 전수 전이: 아직 언어로 표현되지 않은 자기 생각이나 이미지와 같은 내부의 암묵지를 동료나 교사와 공유하거나 전달하는 과정

지식변환 유형	특징
표출화	• 드러나지 않는 암묵적 지식이 눈에 보이는 형식적 지식으로 변환되는 과정이다. • 개인이나 집단의 암묵적 지식이 공유되고 통합됨으로써 새로운 지식이 만들어지는 과정이다. • 탐구 과정에 대한 노하우를 책이나 글로 써내는 과정이다. • 자신의 아이디어나 이미지를 언어나 도형 및 삽화 등으로 표현하는 과정이다. • 자신이 얻은 문제점에 관해 나름대로 생각해낸 해결 방안을 구두 보고나 형식을 갖춰 외부로 전달하는 과정이다. • 생각이나 노하우를 말이나 형태로 표현하는 과정이다. 〈세부 유형〉 • 자기 내부의 암묵지를 표출: 아직 언어로 표현되지 않은 자기의 생각 사고나 이미지 노하우를 말이나 그림과 같은 형태로 변환하는 과정 • 암묵지를 형식지로 치환 번역: 말로 표현하지 않은 동료와 전문가의 사고방식이나 지식을 번역하여 알기 쉽게 표현하는 과정
연결화	• 형식지를 또 다른 형식지로 전환하는 과정이다. • 개인과 집단이 각각의 형식지를 분류, 추가, 결합하는 방법을 통하며 제3의 새로운 지식을 창조하는 종합과정이다. • 교과서나 지도서에 있는 정보를 자신의 노트에 요약하는 과정이다. • 개인에게서 표출된 지식과 정보가 공유돼 문제 해결을 위한 새로운 지식이 창조되는 과정이다. • 언어, 문서, 설계도, 각종 회의, 각종 데이터베이스, 전화, e-mail 컴퓨터 통신망을 활용하여 정보를 분류하여 가공/처리 축적 검색하고 편집함으로써 자신이나 조직에 맞는 지식이 창조되는 과정이다. • 기존 지식을 정보를 교환하고 결합하여 새로운 지식이 창조되는 과정이다. • 그룹 간의 교류와 상호 다른 지식을 연결하는 과정을 거치는 유형이다. 〈세부 유형〉 • 형식지의 획득과 통합: 형식화된 지식, 공표된 데이터, 조사정보, 수치 등을 안팎에서 모아 결합시키는 과정 • 형식지의 전달 보급: 프로젠테이션, 토의, 상호 간의 조정 등 형식지를 형식지로 전달하거나 의사소통하는 과정 • 형식지의 편집: 문서화를 비롯해 정보나 지식을 이용하게 만드는 과정, 형식지의 전달이나 보급을 위한 전제가 되는 것으로 형식지를 특정의 표현 형태로 종합하여 편집하는 과정
내면화	• 드러난 형식지가 눈에 보이지 않는 암묵지로 변환되는 과정이다. • 그룹 내에 공유된 형식지가 그룹 구성원 개인에게 체험을 통해 고유의 지식, 기술로 체질화되는 과정이다. • 탐구의 노하우가 담긴 책을 읽고 열심히 연습하는 과정이다. • 어떤 개인이 어떤 경험을 하거나 어떤 지식을 접하게 되면 기존에 그가 가지고 있던 지식과 연관하여 머릿속에는 다른 발전된 지식이 만들어지는 과정이다. 〈세부 유형〉 • 개인적 체험을 통한 형식지의 체화: 기존에 체계화된 탐구 전략을 실제 개인적 탐구에 정착시키기 위해 직접 개인의 체험을 통해 체득 시 하는 과정 • 시뮬레이션과 실험에 의한 형식지의 체화: 가상 상태에서 새로운 전략이나 콘셉트 및 기술 등의 현실성을 시뮬레이션 해보면서 어떻게 전개할 것인가를 실험을 통해 점검 및 학습하는 과정, 기존 형식지를 점검하는 과정

4. 학습자 개념 변화 과정 분석

Posner 등(1982)은 학생의 개념 변화를 자극하는 데 필요한 조건들에는 불만족, 이해 가능성, 개연성, 유용성이 포함된다고 보았다.

'불만족'은 학생들이 자신의 원래 개념을 의심하는 과정이다. 직접 관찰을 통해 학생이 자신이 가진 개념들에 대한 불만을 유발시키기가 더 쉽다. 학생은 합당한 설명이 주어지지 않는다면 자신의 기존 개념의 교정을 고려하거나 혹은 어려운 문제는 무시하고 자신의 원래 개념을 그대로 유지한다. 따라서 '이해 가능성'은 해당 개념의 의미를 이해하고 개념을 표상할 방법을 찾도록 하는 과정이다. 심지어 설명을 위해 이해할 수 있는 예들이 주어졌다고 해도, 학생은 주어진 예가 합당하지 않다고 생각하면 이해하지 못한다. 따라서 개념은 '개연성' 있게 학습자가 받아들였던 다른 개념들과 일관되고 학습자가 이미 받아들인 것과 조화되어야 한다. 학습자가 이 개념이 유용하다고 생각하도록 하려면, 학습자가 그 개념으로부터 무슨 가치를 얻었는지를 질문해야 한다. 학습자가 해당 개념이 합당하고 유익하다고 생각하도록 하려면, 그 개념은 과거에 가졌던 다른 개념이 풀지 못했던 문제들을 풀어낼 수 있어야 하고, 학습자가 이 개념의 '유용성'을 인식해야 한다(김동렬, 2018). Hewson(1996)은 위의 네 조건(불만족, 이해 가능성, 개연성, 유용성)을 '개인의 개념 위상'이라고 언급했고 불만족, 이해 가능성, 개연성, 유용성까지 새 개념의 형성에서 순차적 절차를 따른다고 하였다.

Barlia(2016)은 학생의 과학학습에서 일어날 수 있는 개념 변화 과정을 4가지 패턴(추가, 재배치, 대체, 소거)으로 나누었다. 이러한 패턴을 Chen & Wang(2016)이 개발한 개념 변화 과정 모식도에 표현하면 개념 변화 체계를 한눈에 파악할 수 있고 그에 따른 대책도 세울 수 있는 장점이 있다.

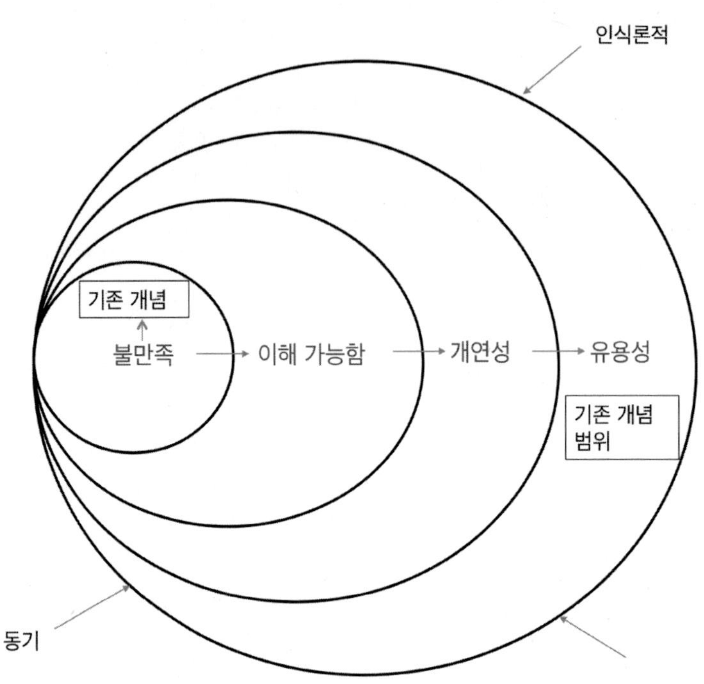

개념 변화 과정(김동렬, 2018; Chen & Wang, 2016)

개념 변화 과정 4가지 패턴과 내용(김동렬, 2018; Barlia, 2016)

패턴	내용
추가	이전 개념들을 재배치, 대체, 삭제하기보다는 정보를 지식에 추가시켜 개념 변화가 이루어진다는 관점이다. 학습자는 특정 개념들을 포기하거나 대대적으로 재배치할 필요성을 느끼지 못하고, 목수가 집을 짓듯이 혹은 정보를 파일에 추가시키듯이 해당 개념들을 기존 정보에 추가시켜 기존 개념의 이해와 유용성을 인식한다는 관점이다.
재배치	기존 개념을 재구성하여 이해 가능하고 개연성이 있으며 유용하다는 인식을 갖는 관점이다. 인지발달 이론의 맥락과 관련이 있으며 개념들과 마주칠 때, 개념들은 동화되거나 조절된다는 관점이다. 동화는 개념들을 기존 개념 체계로 통합시키는 것을 의미하고 조절은 기존 개념 체계를 새 개념에 맞게 조정하는 것을 뜻한다.
대체	기존 개념은 새 증거와 조화되지 않고 다른 개념들과 조화를 이루지 못하기 때문에 더 이해 가능하고, 개연성 있으며 유용한 개념으로 대체된다는 관점이다. 학생들이 특히, 새 경험들을 많이 할수록, 여러 대상과 현상을 이해하는 데 있어 불일치와 오류들에 자주 직면하게 된다. 이를 통해 불일치나 오류가 충분히 크면, 예전 견해나 개념은 제쳐두고, 더 이해 가능하고 개연성 있고, 유용하다고 여겨지는 새 개념들로 대체한다.
소거	기존 개념이 이해 가능성, 개연성 혹은 유용성이 상실되어 대부분의 기존 개념 거부나 소거되는 경우이다. 해당 개념이 더 이상 보유 가치가 없다는 것이 인정되었지만 실행 가능한 대안은 없을 때가 있다. 개념들은 개념 생태나 틀에서, 개념의 유용성, 이해 가능성, 개연성으로 인해 나름의 위상을 가진다. 소거는 이런 세 가지 특징들의 결여를 의미할 뿐 아니라, 사라진 개념으로 인해 생긴 틈새를 채워줄 충분한 힘을 가진 대안 개념이 부재함을 의미한다.

Tsai(2000)는 Posner et al.(1982)의 개념변화 조건을 기반으로 정확한 과학적 개념과 관련된 일련의 비판적 또는 상반되는 사건으로 대표되는 갈등지도(conflict map)라는 개념적 변화 전략을 제안하였다. 갈등지도는 학생들이 이미 가지고 있는 선개념과 환경에서 지각할 수 있는 과학개념 사이의 균형을 찾도록 도와준다. 갈등지도는 불일치 상황(Disrepant Event)을 통해 선개념과의 갈등을 유발하고 핵심 사건을 통해 과학개념으로 유도한다. 과학개념으로의 유도를 위해 불일치 활동과의 별개로 추가활동을 제시한다. 또한 관련 개념 설명을 통하여 과학개념의 이해를 돕는 과정으로 구성되어 있다. 갈등지도는 체계적 개념 변화 전략에 의해 학생들의 개념 변화에 긍정적인 효과를 줄 수 있는 교수 방향으로 사용될 수 있다(김동렬, 2023d).

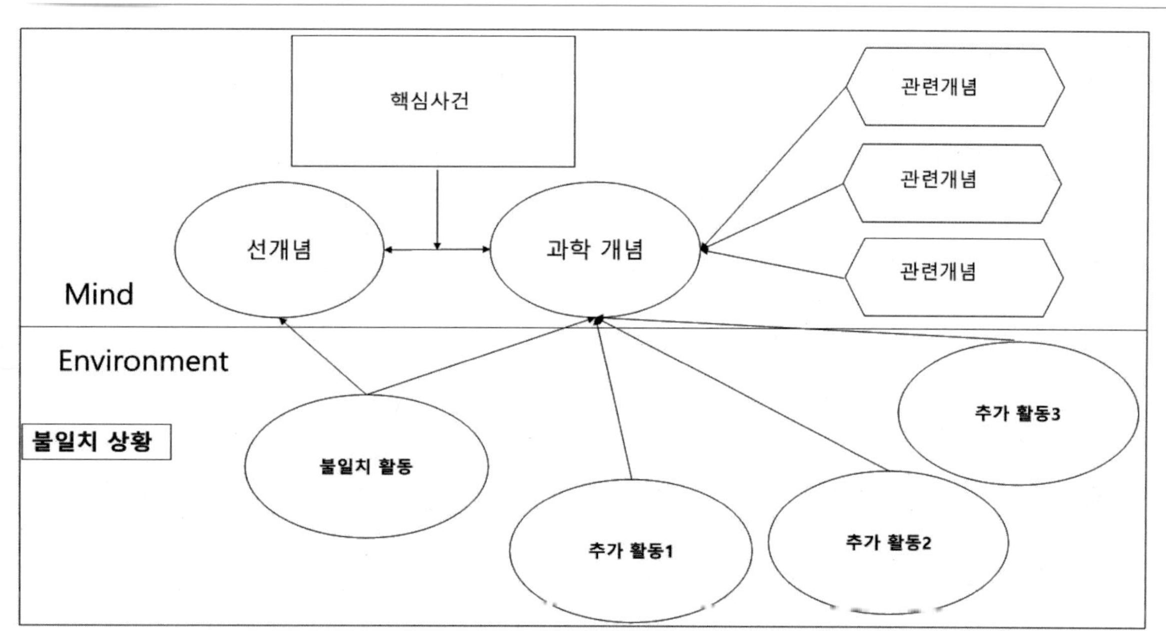

- 선개념: 학생들이 가지고 있는 선개념
- 핵심사건: 인지갈등을 유발하는 실질적인 사건(활동 결과)
- 과학개념: 교사가 가르쳐야 할 개념
- 관련 개념: 과학개념의 이해를 돕기 위한 추가 개념[P2: 새로운 개념을 이해할 수 있도록 한다.] [P4: 새로운 개념이 유용하다는 느낌을 갖도록 한다.]
- 불일치 활동: 선개념에 대해 불만을 갖게 하고 과학적 개념으로 이끌기 위한 활동 내용[P1: 선개념에 불만을 갖게 한다.]
- 추가활동: 과학개념의 이해를 도울 수 있는 불일치 활동에 대한 추가 활동[P3: 새로운 개념이 옳다는 느낌을 가지게 한다.]

갈등지도 구성요소(김동렬, 2023d; Tsai, 2000)

5. 교과서 삽화 분석

과학 교과서에 텍스트와 함께 제시되어 있는 보조 자료로서의 삽화는 텍스의 이해를 돕기 위한 직간접적인 역할을 할 뿐만 아니라, 과학교과에서 인지적 측면만으로 접근할 수 있는 부분을 정서적으로도 접근하도록 하여 과학수업에서 추구하는 인지적 측면의 학습 목표 외적인 효과를 얻는 데 도움이 되고 있다(김동렬, 2016). 무엇보다도 과학학습의 필수요소로서 삽화는 교과서 텍스트를 본격적으로 해석하는 저학년 학생들이 과학 개념을 이해하는 데 도움을 주고, 학습내용에 주의를 집중시킬 수 있는 구체물이며, 새로운 과학적 개념 발견을 더욱 용이하게 한다(강상, 2013).

Kapyla(2014)는 삽화의 이용을 향상시키기 위한 4필드 매트릭스(4-field matrix) 삽화 분석 도구를 개발하였다. 이 도구는 사람의 직간접적인 경험, 알고 있는 지식과 사고의 내면에 내재되어 있는 감정적 측면에 따른 다양한 관점으로의 삽화의 해석을 돕고, 효과적인 삽화를 이용한 교수학습 과정안을 설계하는 데 도움을 주기 위해 개발되었다. 이 도구는 최근 과학교과와 기타 교과들 간의 더 많은 통합을 필요로 한다는 이론을 바탕으로 하고 있으며, 직접/간접 관찰, 인지/정서 관찰과 같은 2분법으로 구성되어 있다. Kapyla(2014)는 삽화의 관찰 시 즉시 이해되면 직접적인(objective) 관찰이고, 문화적 의미(cultural meanings)에 대한 해석을 한 후에 이해되면 간접적(subjective)인 관찰로 보았다. 그리고 인간의 경험은 인지적 영역과 정서적 영역으로 분리된다고 보았다. 자연물(natural objects)을 이해하기 위해서는 어떤 지식구조를 이용해야 한다는 측면에서, 4필드 매트릭스 영역에서 객관적(인지적) 내용은 직접적으로 관찰할 수 있는 부분과 간접적으로 관찰할 수 있는 부분으로 나누어지는데, 간접적으로 관찰할 수 있는 부분은 이론화와 해석이 필요하다. 직접적인 정서는 주관적인 감각적 경험을 가리키고, 간접적인 정서는 메시지 및 상징에 의해 형성된다고 보는 문화적 측면을 가리킨다.

과학교과의 특성상 직접적이고 인지적인 관찰의 빈도가 높을 수밖에 없으나, 통합측면에서 교과수업을 강조하고 있는 현시점에서 인지적 영역과 함께 정의적 영역의 관찰과 느낌에 대해서도 관심을 가져야 한다. 특히 교사의 통합적인 측면의 관찰 접근은 학생들의 지도에도 큰 영향을 줄 수 있으므로 교사는 다방면의 측면에서 과학적 현상을 관찰하고, 이를 지도할 필요가 있다. 이를 통해 직접적이고 인지적인 측면의 관찰 위주에서 놓칠 수 있는 현상을 간접적이고 정의적인 측면의 관찰을 통해 이해할 수 있기 때문이다(김동렬, 2016).

4필드 매트릭스 영역(김동렬, 2016; Kapyla, 2014)

	인지적 영역	정서적 영역
직접적인 관찰	직접적으로 관찰된 대상과 세부사항	삽화에 의해 일어나는 즉각적인 느낌과 태도
간접적인 관찰	지식구조에 기반을 둔 해석	사회적으로 매개된(중재된) 태도, 상징 및 의미

인지적 영역과 정서적 영역의 기능(김동렬, 2016; Kapyla, 2014)

인지적 영역 기능	정서적 영역 기능
• 주의를 돌린다[기호학적 자원(semiotic resources)을 이용하여] • 대상을 회상하기 쉽게 한다. • 반복(텍스트와 그림에서) • 이해를 증진시킨다. • 좀 더 구체적이게 한다. • 공간 방향(spatial orientation) • 해당 문제에 대하여 새로운 관점을 제공한다. • 관찰하기에 멀거나 어려운 것들을 볼 수 있는 가능성을 제공한다. • 주제의 주요 개념이나 일반화를 보여준다. • 부분들의 관계를 보여준다. • 심상(mental images)을 만드는데 도움을 준다. • 텍스트에 보충 정보를 제공한다. • 정보를 정리한다(지도, 차트, 도표). • 지식을 적용한다.	• 동기(학습에 적합한 느낌을 끌어내는 것) • 관심을 불러일으킨다. • 주의를 돌린다(삽화의 디자인을 이용하여). • 태도와 가치를 전달한다(예, 자연보호). • 행동에 동기를 부여한다(예, 과제하기).

Pozzer & Roth(2003)는 과학 교과서에 나오는 삽화의 비율, 기능 및 구조, 삽화의 사용, 이러한 삽화의 의미형성 과정에 무엇을 제공하는지 분석하는 것이 과학 교과서에 나오는 삽화에 대해 이해하는 동기가 된다고 보았다. 그러므로 과학을 가르치는 교사로서 삽화가 과학 교과서에 사용될 때, 그 삽화가 학생들의 교과서의 내용 이해에 어떠한 역할과 기능을 하는지, 학습 목표의 달성을 돕는 것 외에 내포하고 있는 또 다른 유의미한 기능은 없는지에 대한 의문을 제기할 필요가 있다(김동렬, 2016). 만약 과학교사들이 삽화가 학생들에게 어떤 의미로 활용되어야 하는지를 알지 못한다면 결국, 과학을 공부하는 학생들에게도 삽화를 통해 자신의 주변의 세계를 이해 못하고 설명하는 데 부정적인 영향을 미칠 것이다. Pozzer & Roth(2003)는 캡션(삽화에 붙는 짧은 설명문 혹은 명칭), 그리고 각 삽화와 함께 배치되고, 각 삽화와 직접적으로 관련이 있는 텍스트에 대한 해석에 따라 삽화를 (1) 캡션이 없는 장식적 기능, (2) 볼 수 있는 내용에 대한 명칭이 붙여져 있는 캡션이 있는 예시적 기능, (3) 나타내는 내용에 대한 명칭이 있고, 분류를 하는 캡션이 있는 설명적 기능, (4) 새로운 정보를 제공하는 캡션이 있는 보충적 기능으로 분류하였다.

삽화의 기능(김동렬, 2016; Pozzer & Roth, 2003)

기능	내용
장식적(decorative)	텍스트에 캡션과 지시적인 참조가 없는 삽화
예시적(illustrative)	삽화에 있는 대상이나 현상에 명칭이 붙여져 있는 캡션이 있는 삽화. 텍스트에 내용에 대한 추가적인 정보는 제시하지 않음
설명적(explanatory)	삽화에 있는 대상이나 현상에 명칭이 붙여져 있고, 이 대상이나 현상에 대한 설명이나 분류를 제공하는 캡션이 있는 삽화. 캡션은 일부 새로운 추가 정보를 제시함
보충적(complementary)	삽화에 있는 대상/현상에 명칭이 붙여져 있고, 이 대상/현상에 대한 설명이나 분류를 제공하고, 그리고 본문에서 제공되지 않는 이 대상/현상에 대한 새로운 정보를 담고 있는 캡션이 있는 삽화. 텍스트로 설명할 수 없는 내용을 삽화로 제시함

6. 과학교과에 대한 테크놀로지 교수내용지식(TPCK) 자신감 분석

과학과 교육과정에서는 테크놀로지에 관한 지식을 과학 교수학습에 통합하는 일은 과학을 가르치는 교사로서 수행해야 할 중요한 역할로 보고 있다(김동렬, 2017a). 과학수업에 필요한 테크놀로지 자료를 효과적으로 활용하기 위해서는 우선 교사가 테크놀로지에 대한 교수내용지식에 대한 기본적인 수준을 갖추고 있어야 한다. 과학교과에서 테크놀로지 활용이 강조되는 이유는, 과학교과에서는 직접 눈으로 관찰이 불가능하거나 안전요인 때문에 접근이 불가능한 경우 테크놀로지를 활용하여 학생들의 이해를 도와야 하는 주제가 있기 때문이다. 또한, 직접 관찰한 결과를 테크놀로지를 활용하면 더욱 효과적으로 학생들에게 제시할 수 있고 학생들의 관심을 집중시킬 수 있다. Guzey & Roehrig(2009)는 컴퓨터, 탐사기, 데이터 수집 및 분석 소프트웨어, 디지털 현미경, 멀티미디어, 학생 응답시스템, 그리고 대화식 전자 칠판과 같은 교육 테크놀로지는 학생들이 과학지식 습득과 과학과 탐구의 본질에 대한 개발에 적극적으로 참여하는 데 도움을 줄 수 있다고 보았다. Trowbridge 등(2008)은 과학 수업에 교육 테크놀로지 도구가 적절하고 효과적으로 사용될 때, 학생들은 자신들의 지식 구성에 적극적으로 참여할 수 있고, 자신의 사고와 문제 해결 능력을 향상시킬 수 있다고 하였다. 이러한 교육적 맥락에서 학생들보다 교사의 테크놀로지의 교수내용지식이 부족하다면 학생들의 요구를 따라갈 수 없고 이로 인해 교사와 학생들의 상호작용과 협동적 수업 진행은 기대하기 어렵다. 최근에 테크놀로지에 대한 교육의 초점은 교육자들이 테크놀로지를 학습에 통합시킬 수 있도록 대비시키는 쪽으로 옮겨갔다(Graham et al. 2009). 이에 교수지식(Pedagogical knowledge), 내용지식(Content knowledge), 그리고 테크놀로지 지식(Technology knowledge)이라는 교사 지식의 세 가지 중요한 측면을 결합한 틀이 제시되었다(Koehler & Mishra, 2009). 새로운 이 틀을 테크놀로지 교수내용지식(Technological Pedagogical Content Knowledge, TPCK)이라고 부른다. 모형의 중첩된 부분은 테크놀로지 교수지식(TPK), 테크놀로지 내용지식(TCK), 교수내용지식(PCK)을 의미한다.

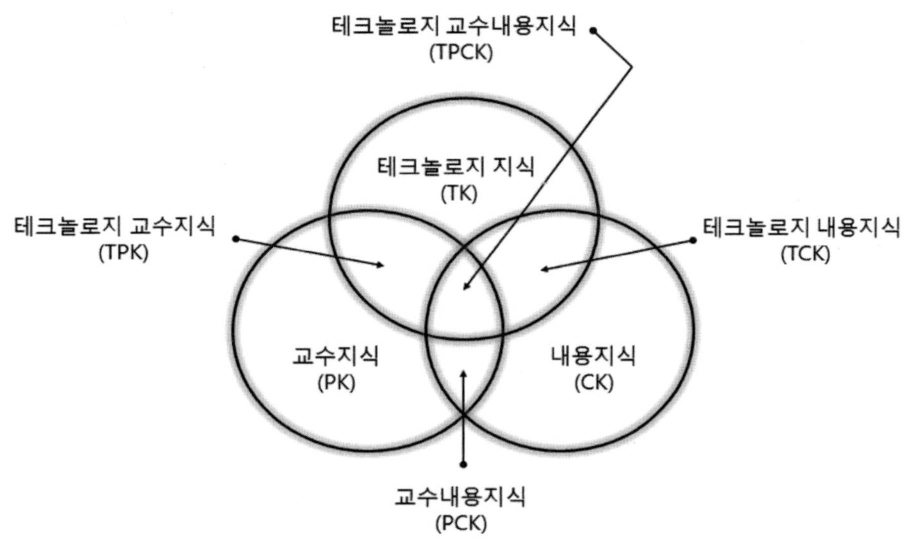

테크놀로지 교수내용지식(Albion et al., 2010)

과학교과에서 대한 TPCK 자신감을 측정하기 위해, Graham 등(2009)은 테크놀로지 교수내용지식(TPCK, 8문항), 테크놀로지 교수지식(TPK, 7문항), 테크놀로지 내용지식(TCK, 5문항), 테크놀로지 지식(TK, 11문항) 4개 영역 총 31문항으로 구성된 검사 도구를 개발하였다.

과학교과에 대한 TPCK 자신감 검사 도구
[Graham 등(2009)이 개발한 검사 도구를 김동렬(2017a)이 번안함]

범주	문항
테크놀로지 교수내용 지식 (TPCK)	TPCK1. 구체적인 과학원리를 효과적으로 입증하는 온라인 애니메이션을 찾아서 사용한다.
	TPCK2. 과학 주제와 관련된 학습자의 흔한 잘못된 개념을 알기 위해서 인터넷을 사용한다.
	TPCK3. 수업에서 과학 탐구를 용이하게 하기 위해서 디지털 테크놀로지를 사용한다.
	TPCK4. 수업에서 주제 특정적 과학 활동을 용이하게 하는 디지털 테크놀로지를 사용한다.
	TPCK5. 학생들이 과학적 데이터를 수집하기 위해 디지털 테크놀로지를 사용하는 것을 도와준다.
	TPCK6. 학생들이 과학적 데이터의 패턴을 정리하고 확인하기 위해 디지털 테크놀로지를 사용하는 것을 도와준다.
	TPCK7. 학생들이 과학적 현상을 관찰하는 능력을 확장시키는 테크놀로지를 사용하는 것을 도와준다.
	TPCK8. 학생들이 과학적 현상의 모형을 만들고/또는 조작할 수 있게 하는 테크놀로지를 사용하는 것을 도와준다.
테크놀로지 교수지식 (TPK)	TPK1. 나의 수업의 생산성을 높이기 위해 디지털 테크놀로지를 사용한다.
	TPK2. 학생들과 의사소통을 향상시키기 위해서 디지털 테크놀로지를 사용한다.
	TPK3. 테크놀로지가 많이 사용되는 수업을 효과적으로 관리한다.
	TPK4. 학습자들의 동기를 부여하기 위해서 디지털 테크놀로지를 사용한다.
	TPK5. 학습자들을 대상으로 하는 정보 프레젠테이션을 향상시키기 위해서 디지털 테크놀로지를 사용한다.
	TPK6. 학생들의 적극적인 학습 참여를 유도하기 위해서 디지털 테크놀로지를 사용한다.
	TPK7. 학생의 학습을 평가하는 데 도움을 받기 위해 디지털 테크놀로지를 사용한다.

범주	문항
테크놀로지 내용지식 (TCK)	TCK1. 그렇지 않을 경우 관찰하기 어려울 수 있는 것들을 과학자들이 보는 것을 가능하게 하는 디지털 테크놀로지를 사용한다.
	TCK2. 자연현상에 대한 표상의 속도를 과학자들이 빠르게 하거나 늦추는 것을 가능하게 하는 디지털 테크놀로지를 사용한다.
	TCK3. 과학적 현상의 모형을 과학자들이 만들고 조작하는 것을 가능하게 하는 디지털 테크놀로지를 사용한다.
	TCK4. 그렇지 않을 경우에 과학자들이 수집하기 어려운 데이터를 기록하는 것을 가능하게 하는 디지털 테크놀로지를 사용한다.
	TCK5. 그렇지 않은 경우에는 보기 어려운 데이터의 패턴을 과학자들이 정리하고 보는 것을 가능하게 하는 디지털 테크놀로지를 사용한다.
테크놀로지 지식 (TK)	TK1. 웹사이트의 이미지를 컴퓨터의 하드 드라이브에 저장한다.
	TK2. 필요한 주제에 대한 최신의 정보를 찾기 위해서 웹을 검색한다.
	TK3. 첨부한 이메일을 보낸다.
	TK4. PowerPoint 또는 유사한 프로그램을 이용하여 기본적인 프레젠테이션을 만든다.
	TK5. 워드 프로세싱 프로그램으로 문자와 그래픽이 들어 간 문서를 만든다.
	TK6. 스스로 새로운 프로그램을 배운다.
	TK7. 사용하고 싶은 새로운 프로그램을 설치한다.
	TK8. 디지털 사진을 찍고 편집한다.
	TK9. 동영상을 만들고 편집한다.
	TK10. 웹2.0 테크놀로지(예. 블로그, 소셜 네트워킹, 팟캐스트 등)를 이용한다.
	TK11. 자기 웹사이트를 만든다.

7. 문화역사적 활동이론(Cultural Historical Activity Theory) 분석

문화역사적 활동이론(Cultural Historical Activity Theory; CHAT)은 개인의 상황속에서의 복잡한 여러 요인들의 상호관계를 분석하는 데 효과적인 틀을 제공한다. 더불어 이 틀은 내적 외적 행동이 어떻게 변해 가는지도 확인할 수 있는 지표를 제공한다(김동렬, 2022).

CHAT는 개인적 혹은 그룹 활동의 문화적 역사적 관점으로 이해하고자 하는 것으로 구성원들의 실제 활동에 관한 내용 정리와 함께 구성원들 간의 갈등 요인과 활동의 개선 방향을 도모하는 데 기초자료로 활용되고 있다.

CHAT는 주체(subject), 규칙(rules), 공동체(community), 역할분담(division of labor), 도구(mediating artifacts), 목적(object) 6가지 구성요소에 따라 분석이 이루어진다(김동렬, 2022).

활동체계를 구성하는 요소들의 독자적 분석과 이들 간의 상호관계를 파악하여 인간 활동이 어떻게 진행되었는지 어떤 요인에서 어려움이 겪었는지를 파악할 수 있는 것이 CHAT의 핵심적 사항이다. '주체'는 활동에서의 직접적으로 수행하는 인물을 말하며 인물이 활동에 어떻게 관여하였는지에 관한 내용으로 구성된다. '목적'은 활동을 통해 달성하고자 하는 목적을 의미하며 이번 실험은 어떤 이유로 수행하게 되었는지에 대한 이유적 측면에 해당된다. 실제 목적에 따라 나머지 5가지 구성요소들의 내용이 추구하는 방향이 달라지므로 '목적'은 나머지 구성요소의 결과론적인 측면으로 해석하여, 목적의 차이를 통해 전체적인 구성요소들의 상호작용과 구성원들 간의 갈등 요인을 분석할 수 있다. '도구'는 활동에 사용되거나 채집한 인공물에 해당되며, '공동체'는 구성원들의 관계 물리적 환경에 관한 조화 측면의 내용이다. '규칙'은 활동을 수행하는 데 구성원들 간에 정한 규정을 말하고, '역할분담'은 활동에서 구성원들간 역할을 나누어 맡아 하는 것을 말한다.

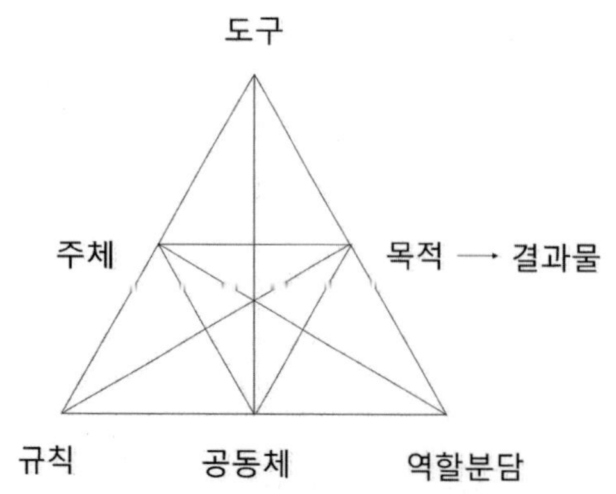

CHAT 활동체계 모형(김동렬, 2022; Engestrom, 1987)

CHAT 활동체계 요소 파악을 위한 6요소 질문(김동렬, 2022; Mwanza & Engeström, 2003)

요소	내용
주체(subjects)	나는 세부 활동의 진행에 어떻게 관여하였는가? 활동의 목표를 지향하는 개인은 누구인가?
도구(tools)	나는 활동을 수행하는 데 어떤 도구를 이용하였는가?
역할분담(division of labor)	내가 맡은 역할은 무엇이며 언제 했는가?
공동체(community)	활동이 이루어지는데 어떠한 환경(구성원들 간의 관계, 물리적 환경)을 구축하였는가?
규칙(rules)	우리 그룹이 활동을 하는데 규범, 규칙, 규제 등이 있었는가?
목적(object))	우리 그룹의 주제에 대해 활동을 해야 하는 이유는 무엇인가?(이 활동의 목적은 무엇인가?)

과학교육 연구에 대한 CHAT 접근법은 학습자의 필요와 관심에 기반을 둔 교육 자료의 정교화를 위한 토대를 제공할 뿐만 아니라 학습 공동체에 영향을 미치는 조직적 모순 및 기타 모순을 발견하고 이를 해결하기 위한 추가적 활동과 새로운 국면을 연다. 따라서 CHAT 분석을 통하여 목적이 동일하지 않는 그룹에 대해서는 교수자의 피드백을 통하여 공동의 목적을 찾을 수 있도록 유도하고 이를 구성원 간에 지속적으로 공유할 수 있도록 유도함으로써 공동체 요소에서부터 갈등과 충돌을 해결해 나가야 한다(김동렬, 2022).

8. 관찰 묘사 분석

관찰은 사물이나 현상에 대한 과학 탐구의 시작이 된다. 관찰은 과학 글쓰기의 중요한 과정이다. 따라서 관찰한 현상을 잘 표현하는 것 또한 과학 현상을 이해하는 과정의 일부이다. 관찰을 통해서 대상을 정밀하게 볼 수 있고 독특한 형태를 찾을 수 있으며 이러한 형태들로부터 자연의 원리와 적응, 그리고 새로운 창의적 모형 등을 유추해 낼 수 있다(김동렬, 2023a). 또한 관찰을 통해 과학 현상에 대해 사실적으로 비유적으로 표현할 수 있다. 이러한 관찰과 더불어 관찰 결과를 사실적으로 묘사하는 것은 글쓰기의 필수 조건이기도 하다. 이러한 특징 때문에 초등 과학 교과서의 탐구활동은 관찰을 기본으로 하여 다른 탐구과정 요소들로 확장되므로 관찰 중심 프로그램의 적용은 초등 과학 교과에서 필수적으로 이루어지고 있다(김동렬, 2023a).

묘사는 사물이나 상황, 대상을 그림 그리듯 그대로 재현해 내는 것이며, 사물이나 상황,

대상으로부터 받은 인상이나 느낌을 감각적으로 재현하는 것이다. 묘사의 주된 목적은 줄거리를 전달하기보다는 관찰자의 감각기관을 통하여 대상에 대한 감각적 현상을 표현하고 독자가 직접 관찰하고 있지 않더라도 그 분위기와 그 장소에서 관찰하고 있는 것처럼 생동감 있게 표현하는 것이다(김동렬, 2023a).

관찰 묘사를 할 때는 전체적인 구도를 정하지 않고 아무렇게나 나열하면 글 전체가 산만해지고 독자가 화자의 생각을 이해하기는 어렵다. 따라서 체계적으로 접근하는 관찰 묘사법 전략이 수립되어야 한다. 관찰 묘사법은 대상을 언어를 통해 사실적으로 옮기는 기능만을 하는 것이 아니라 글 전체의 분위기나 화자의 내면 심정이 조화를 이루어야 하므로 대상을 객관적인 접근뿐만 아니라 주관적 접근도 반영되어야 한다(김동렬, 2023a).

관찰 묘사법을 시점 묘사, 묘사 순서, 객관적 묘사, 주관적 묘사로 분류할 수 있다.

관찰 묘사법 구성(김동렬, 2023a).

대항목	세부항목	내용
1. 시점 묘사	가. 고정적 시점	관찰자는 일정한 공간에 위치한 대상을 고정된 시점으로 관찰한다.
	나. 이동적 시점	관찰자가 위치를 바꾸면서 대상을 관찰하거나 대상이 움직이는 것을 쫓아서 관찰하여 표현한다.
2. 묘사 순서	가. 전체→부분 혹은 그 반대로	관찰자는 관찰 대상 전체의 특징을 관찰하고 이어서 대상을 구성하는 부분을 하나하나 관찰한다. 혹은 그 반대로 관찰한다.
	나. 앞→뒤, 좌→우, 위→아래 혹은 그 반대로	관찰자는 대상의 앞을 먼저 관찰하고 뒤를 관찰한다. 관찰자는 대상의 좌측을 먼저 관찰하고 우측을 관찰한다. 관찰자는 대상의 위를 먼저 관찰하고 아래를 관찰한다. 혹은 그 반대로 관찰한다.
	라. 가까운 곳→먼 곳 혹은 그 반대로	관찰자는 대상의 가까운 것을 먼저 관찰한 후에 먼 곳을 관찰한다. 혹은 그 반대로 관찰한다.
3. 객관적 묘사	가. 감각기관 활용 묘사(①시각, ②청각, ③후각, ④미각, ⑤촉각)	감각은 감각기관을 통하여 감지할 수 있는 자극을 통한 경험이다. 대상의 사실적 존재를 선입관 없이 객관적인 언어로 표현한다. 대상의 크기, 무게, 색깔, 위치, 촉감, 맛, 소리, 냄새 등을 감각기관을 활용하여 묘사한다.
4. 주관적 묘사	가. 비유적 묘사	사실적으로 표현하기 어려운 부분을 독자들이 한 번씩은 경험했을 만한 것으로 표현하는 것으로서 효과적인 의미 전달을 위한 것이다. 표현하려는 대상을 다른 대상이나 현상에 빗대어 표현하는 것이다.

우선 고정적으로 관찰할 것인지 이동적으로 관찰할 것인가 결정되어야 그다음 묘사가 결정된다.

관찰 대상을 일정한 공간 안에서의 대상이 있는 것으로 보고 고정된 대상만 집중하는 고정적 시점과 관찰자가 이동하면서 대상을 관찰하거나 대상 자체가 이동하는 것에 대해 대상이 위치하는 곳에 따라 주변에 의해 대상의 변화를 관찰하는 이동적 시점을 포함하는 시점 묘사가 있다. 묘사 순서는 대상의 전체성을 관찰한 뒤 전체를 구성하는 부분 부분을 관찰하는 것과 대상의 앞뒤, 좌우, 위아래 혹은 그 반대로 관찰하는 것이 있다. 대상이 관찰자의 바로 앞에서 관찰이 불가능할 정도로 크거나 원근을 바탕으로 관찰해야 할 경우 가까운 곳에서 먼 곳으로 관찰하거나 혹은 그 반대로 관찰하는 것이 있다. 묘사 순서가 결정되면 이제는 세부적으로 관찰이 이루어지는 데 사실적으로 감각기관 활용을 통해 이루어지는 객관적 묘사와 원활한 관찰 현상을 전달하기 위하여 언어로 표현하기 어려운 부분에 대해서는 비유적 묘사를 사용할 수 있다(김동렬, 2023a).

9. 측정 불확실성 분석

불확실성(uncertainty)은 불명확성 혹은 복수의 상충된 해석이 존재한다는 것 외에 결과 값에 대한 해석의 어려움과 자신감이 부족한 상태를 의미한다(김동렬, 2023b). 특히, 불확실성은 과학의 고유한 특성이며, 과학 활동은 불확실성을 다루고 이를 감안해서 결론을 내린다. 과학자들은 현상을 어떻게 설명해야 하는가에 대해서 뿐만 아니라, 실험, 도구, 측정, 및 데이터 발표를 하면서도 늘 불확실성을 겪게 된다. 이와 같이 과학에서의 불확실성은 무엇을 해야 할지에 대한 불분명한 결정으로 그리고 과학자의 경험적 연구(당황스러운 실험 결과들을 얻는 것)와 그들이 설득시키고자 하는 대상들(그 측정의 적절성에 대해 반박하는 동료)로부터의 반발로 표현된다. 즉, 당황스러운 결과가 나오거나 설득하려는 대상들이 반발하는 것으로 인해 불확실성을 경험하게 된다. 이에 대한 반응으로, 과학자는 자신이 쓴 방법들과 개념적 설명들을 재고려하고 행동해가게 된다. 탐색하고, 반발, 개선을 위한 행동의 순환과정은 과학적 활동을 진행하는데 있어 근간이 된다(김동렬, 2023b).

특히 초등학생들의 학습 환경에는, 과학자들이 경험하는, 과학 활동에서 논증, 설명, 조사 같은 활동을 더욱 활발하게 이끄는 불확실성의 요소들이 내포되어 있지 않을 때가 많다. 초등학생들은 질문 제기, 탐구의 계획과 수행, 경험적 탐구 결과들의 해석과 관련해 과학적 불확실성을 만나는 경우가 거의 없다. 예를 들면, 과학 교육과정에서 흔히 볼 수 있는 널리 사용되는 실험을 생각해보면, 학생들은 지시에 따라 식물들의 잎, 꽃, 꼬투리를 세어보고, 지정된 조건에서 cm

눈금자를 사용해서 식물들의 길이를 측정한 후, 그 측정치를 비교해서, 빛을 받은 식물이 더 길다는 결론을 내린다. 이와 같은 학생들의 참여는 교사와 교육 과정에 대체로 지시받아 이루어진 것이다. 따라서 학생이 데이터를 수집하거나 해석하는 방법에서 변동이나 이례적인 부분은 별로 없고 비판이 개입할 여지가 거의 없으며, 이로서, 학생이 지식을 의미 있게 구성하고 타당화하는 작업을 할 기회는 미비한 실정이다. 교육학자들은 이 접근법이 학생의 과학 실습에 대한 몰입과 이해에 제한을 가한다고 주장하는데, 그 이유는 학생은 자신이 몰입 중인 실습의 목표를 완전히 이해하지 못했을 것이고, 주장이나 설명을 구성할 기회도 없었으며, 과학에서 물리적 및 표상적 작업의 역할이 간과된 과학 활동에 대한 질 낮은 관점을 가질 가능성이 크기 때문이다(김동렬, 2023b).

이에 따라 과학 학습 환경을 설계하는 교육자들은, 내용 이해와 과학 실습을 발전시키고자, 과제들에 특정한 애매성과 불확실성을 부여하는 방향으로 학습 환경을 설계할 필요가 있다. 과학적 불확실성을 가시화시켜주는 과학적 탐구 활동들에는, 학생들에게 애매한 대상들을 다루게 하는 현상에 대해 하나 이상의 타당한 설명이 있을 때, 그 주장들에 대해 논의하게 하고 실험에서 변수들을 정의하고 조작하는 방법을 정하기 등이 포함된다. 이런 설계는 학생이 애매성을 접하고 자연 현상을 조사하고 이해하는 방법에 대한 결정을 탐색하도록 해주고, 실습의 필요성을 부각시키고, 학생이 자신의 활동을 무언가를 찾아내는 것으로 인식하도록 도우며, 실습들이 발전되고 개선되게 하는 진정성 있는 토론을 제공한다(김동렬, 2023b).

측정에서 불확실성이란 과학자들이 오차가 얼마만큼 클 것인지를 추정하려는 시도이다. 측정 불확실성은 목표 달성 여부를 최종적으로 결정하는데, 이유는 결론들은 수집된 데이터의 질에 크게 달려 있기 때문이다. 따라서 실제적 과학 활동의 명시된 교육 목표들을 달성하는 것은, 측정 불확실성을 논의하는 것과 직접 연계되어 있다.

측정에서의 불확실성의 원인은 다음과 같다. 측정 활동에서의 불확실성의 원인을 분석하면 감소 행동과의 관계를 이해할 수 있다.

불확실성의 원인(김동렬, 2023b; Bell, 1999).

기준	내용
측정 도구	도구의 편향, 낡음으로 인한 변화, 마모, 기타 종류의 변동, 낮은 가독성, 소음(전자 도구의 경우)과 같은 여러 문제들을 겪을 수 있다.
측정 대상	해당 대상은 불안정할 수 있다(따뜻한 방에서 얼음조각 크기를 측정하는 경우를 상상해보라.). 움직이는 물체, 모양이 불규칙적인 물체

기준	내용
측정 과정	측정 자체도 어렵다. 예를 들면, 작지만 활기 넘치는 동물의 무게를 측정할 때는, 그 동물의 협조를 얻기 힘들다. 측정에 대한 사전 설계와 절차가 측정의 결과에 영향을 미친다.
조작자의 기술	어떤 측정은 조작자의 기술과 판단에 의존한다. 어떤 이는 다른 이보다 섬세하게 측정하는 것이나 눈으로 미세한 부분을 읽어내는 것을 더 잘한다. 스톱워치 같은 도구의 사용은 조작자의 반응 시간에 좌우된다(중대한 실수들은 다른 문제이며, 이는 불확실성의 원인으로 간주되지는 않는다.).
표본 관련 문제들	지금 하는 측정은, 평가하려는 과정에 대한 대표성을 가져야 한다. 작업대의 온도를 알고 싶다면, 온도계를 에어컨 가까이에 놓아서는 안 된다. 측정을 위해 생산 라인에서 표본을 고른다면, 월요일 아침에 만들어진 최초의 10개는 선택해서는 안 된다.
환경	온도, 기압, 습도, 기타 조건들은 측정 도구나 측정 대상에 영향을 줄 수 있다.

10. Fishbone diagram과 5Why 통한 탐구활동 분석

Fishbone diagram은 그래픽 조직자(Graphic Organizers)의 한 유형이다. 그래픽 조직자에는 비교대조 유형과 개념 조직자, 예상 및 평가 조직자, 순서와 연속성 조직자 등으로 나눌 수 있는데, Fishbone diagram은 개념조직자에 해당한다. 개념적(conceptual) 조직자는 연결망(web)과 같으며, 주제나 개념의 속성들을 열거하는 형식을 제공한다. 비선형적, 개방형 구조를 통해 학생들이 하나의 문제에 대해 그 원인들을 개념들로 정리하는 데 도움을 준다(김동렬, 2014).

Fishbone diagram은 1943년 Ishikawa가 처음 개발한 것으로서 이시카와도 또는 원인 효과 다이어그램이라고 한다. 이 도구는 특정 문제를 물고기의 머리에 형성하고 가능한 원인과 하위원인을 분석하여 골격을 형성한다. Fishbone diagram은 어떤 식별된 효과와 그것에 영향을 끼치는 원인간에 있을 수 있는 관계를 명료한 방식으로 나타내며 어떤 문제의 근본 원인을 밝히고 개선아이디어를 창출시키는데 도움을 준다. Fishbone diagram은 mind map의 연상 지도 개념과 비슷하나 탐구주제의 흐름을 한 눈에 볼 수 있다는 측면에서 훨씬 동적이고 체계적이며 학생들에게 탐구 결과를 쉽게 정리할 수 있게 안내할 수 있다. 또한 친근한 생선 모양의 그림을 통해 탐구내용 정리를 즐겁게 시도할 수 있도록 만든다는 장점도 있다(김동렬, 2014).

한편, Fishbone diagram 작성을 위해 함께 많이 사용되는 5Why는 학생들이 풀고자하는 질문에 적용이 가능하며, 학생들이 연쇄 사고(series thinking)을 하도록 유도할 수 있다. 5Why를 사용할 경우 학생들이 Fishbone diagram을 그리고, 자신들이 찾고자하는 질문들에 관한 원인을 요약하고 분류하게 하며, 그 원인과 효과를 토론하여 잘못된 원인을 제안하고 주된 이유를 분명히 하도록 한다(김동렬, 2014).

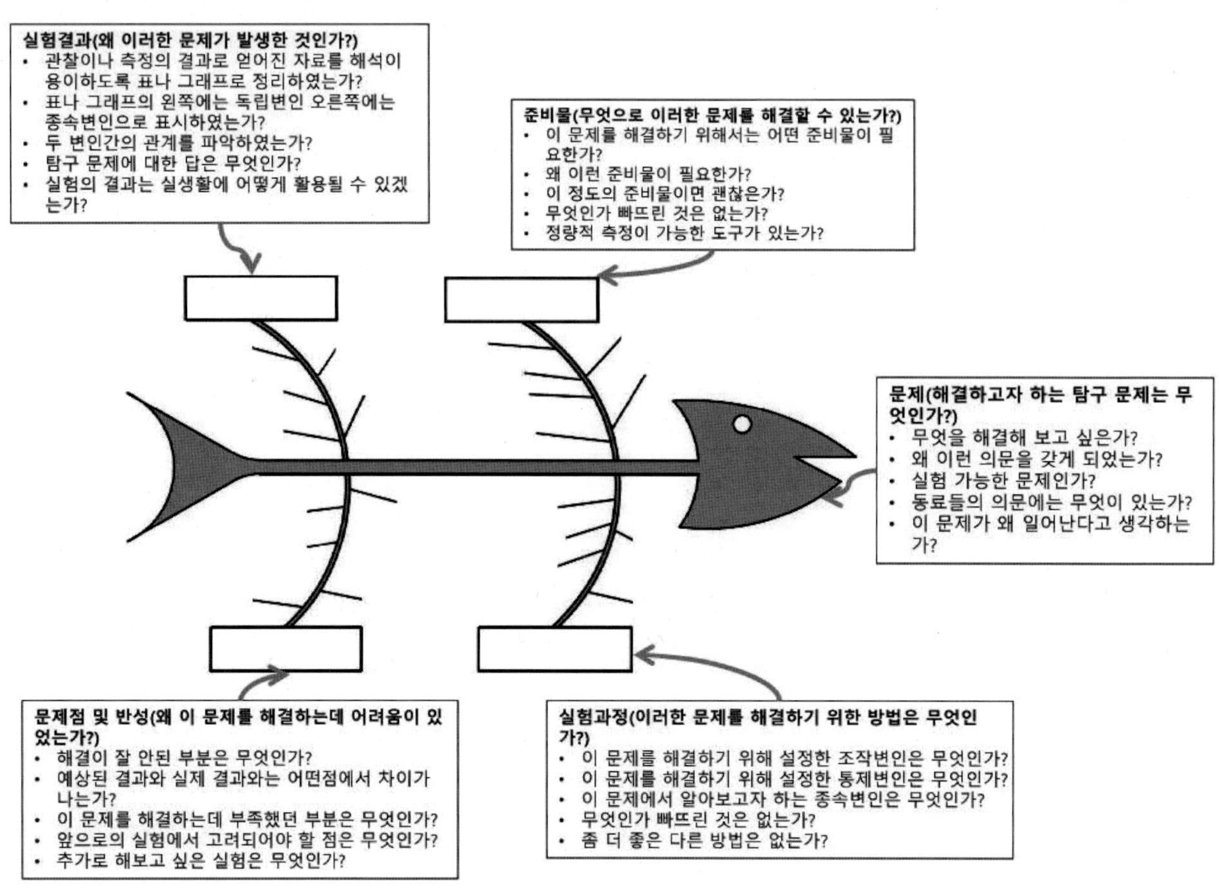

Fishbone diagram과 5Why 형식의 질문(김동렬, 2014)

11. 분석 노트

교수학습 분석 1

주제	

확인	

교수학습 분석 2

주제	

확인	

3부

생명과학 교재연구 및 지도법 탐구 노트

1장

탐구 중심 생명과학 교재연구 및 지도법

1. 교사로서 야누스적 관점 가지기

초등교사는 과학에 대한 전문적 경험을 가질 기회가 부족한 만큼 예비교사 때부터 과학과 교육과정과 관련된 배움 과정의 경험은 과학을 가르치는 데도 큰 영향으로 작용할 수 있다. 예비교사 입장에서 과학을 배운다는 것은 과학에 대해 스스로 알기 위한 것일 수도 있으나, 과학을 가르치기 위한 과학적 지식과 그것을 효과적으로 가르치려는 방법을 이해하는 과정으로 볼 수 있다. 따라서 예비교사로서 과학에 대한 배움의 과정을 스스로 경험하는 것은 과학에 대한 교사로서 자질 향상에도 중요한 역할을 할 것으로 기대할 수 있다(김동렬, 2021b).

훌륭한 가르침은 과학과 기술에 의해 좌우되기보다는 교사의 배움에서 비롯된다. 어떻게 가르치고 무엇을 가르치고자 하는 것은 기술에 의해 이루어지는 것이 아니다. 교사 자신의 배움에 의해 다양한 노하우가 축적되고 그러한 노하우는 가르침에 녹아든다(김동렬, 2021b).

과학에서는 반증주의를 바탕으로 양극의 반대 주장을 모두 유심히 살펴보는 과정을 통해 과학적이면서도 창의적인 결론을 끌어낼 수 있다는 특징은 익히 알려진 사실이다. 이러한 관점에서 과학 교사의 역할에 대해서는 야누스적 사고(Janusian thinking)를 적용해 볼 필요가 있다. 야누스는 문을 경계로 안쪽과 바깥쪽으로 얼굴을 달리하여 문을 지키는 로마신화에 나오는 수호신이다.

야누스적 사고는 정반대에 무엇이 있는가를 묻고, 반대개념과의 소통을 통해 문제점을 해결할 수 있는 사고가 활성화된다는 관점이다. 즉, 새로운 현상을 끌어내기 위해서는 모순된 생각, 개념, 이미지를 동시적으로 고려해야 한다는 것이다. 이러한 야누스적 사고는 양극단에 존재하는 관점의 상호 관계성을 고려하고 타협점을 찾아 문제를 효과적으로 해결하는 데 도움을 준다(김동렬, 2021b).

딜레마적 관점은 두 가지 상황에서 한 가지만 신중히 선택하여 갈등으로부터 벗어가고자 하는 시도이다. 타협적 관점은 상충하는 상황이 양극단에 위치하며, 딜레마 관점과 달리 비록 양극단에 놓여 있지만, 수정이 어느 정도 허용되면서 여전히 대립적 관점을 유지한다. 대립한 상황이 서로 연결 선상에 위치하므로 언제나 합의점을 찾을 수 있고, 서로를 조율할 수 있는 위치나 여전히 양극에 위치하여 대립한 상황이다(김동렬, 2021b). 패러독스 관점은 대립하는 상황에 대해 양자택일하기보다는 두 상황에 공존할 수 있다는 관점으로, 대립하는 상황에서 갈등 상황을 해결하는 이상적인 관점으로 해석할 수 있다. 야누스적 사고는 대립 때는 양극을 동시에 고려하여 통합적 관점으로 발전시킴으로써 새로운 것을 만들어내는 과정이다. 즉, 야누스적 사고는 들어오는 것과 나가는 것을 양방향에서 동시에 살펴보면서 두 지점의 현상을 조화를 이루면서 소통할 수 있는 길을 찾는 것이므로 패러독스 관점과 일치하는 부분이 있다. 그러나 패러독스 관점이 갈등 상황을 바라보는 관점이라면 야누스적 관점은 갈등을 해결하여 새로운 방향을 모색하는 것까지 나아가는 형태로서, 야누스적 관점은 패러독스 관점을 포함하는 것으로 해석할 수 있다(김동렬, 2021b).

갈등의 관점 (김동렬, 2021b; 황준욱 등, 2009)

관점	상충된 요소 위치
딜레마적 관점	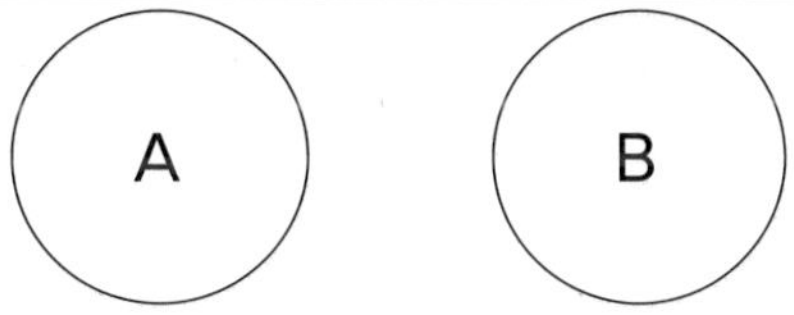 A B
타협적 관점	 A ↔ B
패러독스 관점	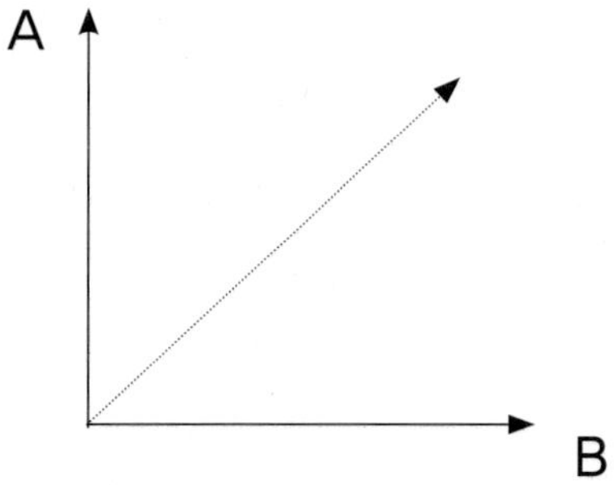 A B

2. 과학교육에서 경계넘기와 경계물의 의미

경계를 넘는다는 것은 다른 학문과의 관계성을 확인한다거나 시도하지 않은 것을 시도하여 새로운 도전으로서의 경험을 갖는 것을 의미한다(김동렬, 2023c). 과학에서 경계를 넘는 것은 과학에 대한 새로운 시도일 수 있으며 특히 과학을 가르치는 교사로서의 경계를 넘는 것에 대한 경험은 새로운 교수학습방법을 설계하기 위한 과정일 수 있다(김동렬, 2023c).

과학교육에서 경계넘기는 학습 메커니즘에 따라 식별 단계에서 출발하여 조정, 반성, 전환 단계를 거치면서, 과학이라는 익숙함에서 주변의 낯설음으로 넘어가기 위하여 새로운 경험을 시도하게 된다(김동렬, 2023c). 김동렬(2023c)의 연구에서 제안된 경계넘기 단계를 정리한 내용은 다음과 같다.

식별 단계에서는 과학 교과의 특성 이해하기, 과학 수업에 다른 교과 주제를 그대로 받아들이기(공존하기)를 통해 과학에 대한 정체성을 찾고 무조건 새로운 것을 받아들이는 것이 아니라 공존을 통해 경계 간의 불연속성을 그대로 받아들이면서 있는 그대로의 특징을 사용하는 것이다.

조정 단계에서는 주변과의 상호작용, 다른 공간과 상호 작용하는 것, 반복적으로 사용함으로써 생활과학을 이해하는 것으로 식별 단계를 넘어서서 끊임없이 주변과 상호작용을 하는 것이다. 의사소통을 통하여 주변에 익숙해지면서 기존에 사용한 활동 공간과 재료 범위를 넓혀 가는 것이다.

반성 단계는 통합을 통해 나의 현 지식의 문제점 개선하기, 과학과 연계된 새로운 지식 형성하기, 새로운 관점 받아들이기 등을 하는 단계로 통합을 위한 현재 자신의 문제점을 찾고 개선해 가면서 새로운 지식 형성과 주변과 통합된 과학에 대한 새로운 정체성을 구축한다. 이쯤에서는 경계넘기가 과학과 주변과의 통합을 통하여 과학 활동의 범위를 넓혀진 상태이다.

전환 단계는 새로운 융합 통합 교구 개발하기, 새로운 환경 찾기를 통해 경계넘기를 하는 것으로 경계넘기 위하여 인공적인 교구가 필요하다는 관점으로, 이러한 새로운 교구로서의 방법을 찾고 새로운 환경에 적응해 경계넘기를 구축한 상태를 의미한다.

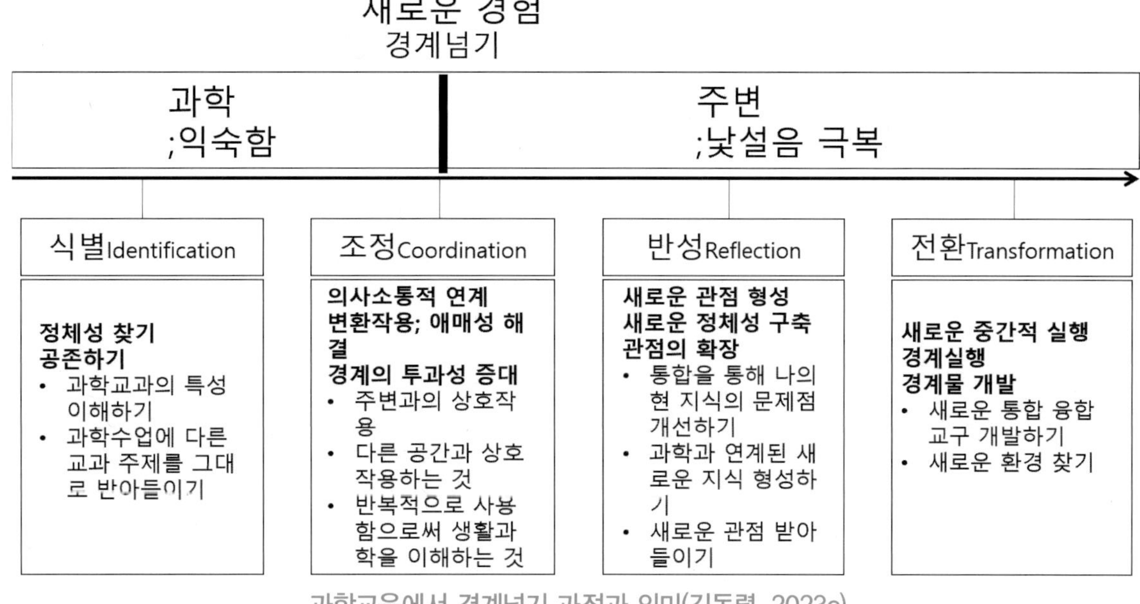

과학교육에서 경계넘기 과정과 의미(김동렬, 2023c)

과학교육에서 경계물은 다양한 맥락으로 접근할 수 있으나, 대표적으로 가시적이고 인공물인 통합적 경계물과 장소적 경계물, 학습지 경계물, 그리고 비가시적인 블랙박스 경계물로 나눌 수 있다(김동렬, 2023c). 김동렬(2023c)의 연구에서 제안된 경계물의 유형을 정리한 내용은 다음과 같다.

통합적 경계물은 사회적 문제, 다른 교과에서 과학 관련 주제로서 주변에서 경계물을 가지고 들어와 과학과 주변의 경계를 넘도록 하는 것이다. 통합적 경계물은, 경계가 느슨한 일과 구조가 확고한 일 사이를 이동하면서, 다양한 집단들이 협력하게끔 해주는 유기적 배치이다.

장소적 경계물은 학교 내 교실 밖 장소, 학교 밖 장소의 개념으로 학교 숲이나 운동장, 놀이공원에 과학 주제를 가지고 가 그곳에서 활동하는 것으로 장소가 경계넘기를 위한 역할을 하는 것이다.

학습지 경계물은 형식교육과 비형식교육의 연결 활동지, 체험활동 안내서가 해당하며 과학과 주변 대상을 연결하는 매듭의 역할을 한다. 학습지 경계물은 교실 수업에서 먼저 소개돼서, 교실 밖에서 정교화되는 개념이거나, 학생이 교실 밖에서 조사하고 교실 안에서 토론하게끔 만드는 개념으로 작용할 수도 있다.

블랙박스 경계물은 경험, 선행 지식으로 겉으로 보이지 않지만 자연스러움 경계넘기가 가능하도록 할 수 있다. 자신의 내면의 능력을 그대로 발휘하여 경계를 넘도록 하는 것이다.

과학교육에서 경계물(김동렬, 2023c)

범주	하위범주	개념
통합적 경계물	사회적 문제	사회문제 다루기, 과학적으로 해결할 수 있는 사회 주제
	다른 교과의 과학 관련 주제	다른 교과의 상징적 주제, 과학적으로 설명 가능한 것
장소적 경계물	학교 내 교실 밖 장소	학교 숲, 운동장에서 과학과 연결, 생활 속 재료와 연결
	학교 밖 장소	놀이공원에서 과학 주제와 연결, 생활 속 현상과 연결
학습지 경계물	형식 교육과 비형식 교육의 연결 활동지	형식 교육기관과 비형식 교육기관의 연결, 비형식 교육기관 학습내용 정리
	체험 활동 안내서	체험 장소 안내, 과학 학습내용과 연결하기, 과학 학습을 연속 선상에 두기
블랙박스 경계물	경험	익숙한 것을 바탕으로 연결하는 것, 자연스럽게 경계넘도록 하는 것
	선행 지식	경계넘기를 위한 탄탄한 지식, 익숙한 지식

3. 검치호랑이 교육과정을 통한 과학 교육과정의 방향 탐구

검치호랑이 골격(국립대구과학관)

검치호랑이 교육과정은 페디웰(J. Abner Peddiwell; 검치 호랑이 교육과정의 실제 저자는 Harold Benjamin으로 Peddiwell이라는 가명을 써서 이야기를 전개하고 있다.) 교수가 그 시대의 교육과정에 대해 비판적 시각으로 바라보면서 다른 사람에게 강의하듯이 쓴 형식의 우화이다. 검치호랑이(Sabar-Toothed Tiger)는 검 모양의 치아를 가지고 있으며 점신세(漸新世)에서 갱신세(更新世)에 걸쳐 북미 서부에 실제 생존했으나 지금은 멸종한 고양이과 동물이다. 이 우화 속에서는 부족의 생존을 위해 물리쳐야 했던 동물이다(김동렬, 2024).

검치호랑이 교육과정에서는 교육과정을 바라보는 서로 다른 세 가지 관점을 발견할 수 있다. 첫째, 마을의 원로들로 전통적인 교과를 상황의 변화에도 불구하고 새롭게 정당화하면서 이를 계속해서 가르칠 것을 강조하는 보수주의 관점이 있고, 둘째 새 주먹의 후계자로 생활의 필요를 충족시켜 줄 수 있는 교육을 강조하는 진보주의 관점이 있으며, 셋째 변혁을 추구하는 사람으로 사람이 불평등하고 불공정한 사회의 구조나 규칙의 변화를 강조하는 급진주의 관점이 있다(김동렬, 2024).

이와 같이 검치호랑이 교육과정은 시대적 상황에 따라 어떤 목적으로 무엇을 어떻게 가르쳐야 하는지에 대해 이야기하고 있는 만큼, 별도의 교육과정에 대한 강의 없이 이 책이 시사하는 바를 이해하고 그에 따라 자기 생각을 표현하면서 교육과정을 바라볼 수 있도록 한다.

[검치 호랑이 교육과정]

부족의 한 진보적인 사람(새 주먹이라는 사람)이 의식적이고 체계적인 교육을 시작하였다. 그는 "우리 부족 사람들이 의식주와 안전을 위해 할 줄 알아야 하는 것은 무엇인가?"라는 질문을 하였다. 그 답은 어른들이 하는 일이었다. "그렇다면 어른들이 하는 일을 아이들에게 미리 가르치면 좋지 않겠는가?" 하고 그는 생각하였다. 어른들의 일, 곧 아이들을 위한 교육과정은 다음의 세 가지로 이루어졌다. 맨손으로 물고기 잡기, 몽둥이로 말을 때려잡기, 불로 검치호랑이를 위협하여 쫓아 보내기, 이것이 최초의 세 교과였다. 이 교육과정은 '기본 교과'로 인정되었으며, 부족은 더욱 나은 의식주와 안전한 생활을 확보할 수 있게 되었다.

그러던 중 빙하가 녹아 수정같이 맑은 시냇물은 흙탕물로 변했으며 기후도 대단히 습윤해졌다. 사람들이 맨손으로 잡을 수 있는 물고기도 없어졌고, 말과 검치호랑이는 다른 지방으로 이동하거나, 폐렴에 걸려 멸종해 버렸으며, 그 대신 발이 빠른 영양과 불을 두려워하지 않는 곰이 출현하였다. 그러나 부족은 곧 변화된 환경에 적응하는 새로운 방법을 터득하였다. 그것은 덩굴 그물로 물고기를 잡고, 덫으로 영양을 잡기, 함정을 파서 곰을 격퇴하는 방법이었다.

어른들은 곧 새로운 일과에 익숙해졌고, 마을에는 다시 안정이 찾아왔다. 그런데 아이들에게는 여전히 종래의 교육과정을 가르치고 있지 않은가? 그리하여 젊은이들은 교육을 통제하고 있는 원로들을 찾아가 기존의 교육과정을 비판하면서 새로운 세 가지 활동을 가르칠 것을 청원하였다. 그러나 원로들은 "그것은 교육이 아니네, 단지 훈련일 뿐이네."하고 응답하였다. 젊은이들은 다시 기존 교육과정은 무용하다는 점과 시대의 변화에 따라 교육과정도 바뀌어야 한다는 점을 주장했다.

그러나 원로들은 맨손으로 물고기 잡기 교과를 가르치는 것은 단지 물고기가 필요해서 그것을 잡을 능력을 기르기 위한 것이 아니라 일반적인 민첩성을 길러 주기 위한 것이며, 이와 마찬가지로 다른 교과들도 생활의 여러 사태에 널리 적용될 일반적인 힘과 고상한 용기를 길러 주기 위한 것이라고, 그리고 진정한 교육의 본질은 흐르는 물의 한 가운데에 굳건히 버티고 있는 바위와 같아서 시대의 변화를 초월한다고 응답하였다. 원로들은 맨손으로 물고기 잡기를 통해, 일반화된 민첩성을 몽둥이로 말 때려잡기를 통해, 일반화된 힘을 불로 호랑이 몰아내기를 통해 고상한 용기를 길러 줄 필요가 있음을 주장하였다.

한편, 물고기 그물 짜기, 영양 덫 설치하기, 곰 잡을 함정 파기 등의 새로운 방법의 터득에서도 기술의 발전으로 새로운 사회 체계가 필요했다. 사회적 관계 조정의 권한을 가진 원로들은 임금과 이익 배분을 위해 산업 규칙을 설정하고 세금 및 실업 복지 제도를 만들었고 일터와 토지를 잃은 사람들에게 실업 수당을 주기도 하였다. 그러나 이러한 산업 관련 규정으로 계층 간의 빈익빈 부익부 현상이 발생하였고 급진주의자 사람들은 이러한 규칙에 문제를 제기하고 현 사회구조를 변혁할 것을 주장하였다.

검치 호랑이 교육과정
– 맨손으로 물고기 잡기
– 몽둥이로 말을 때려잡기
– 불로 검치호랑이를 위협하여 쫓아 보내기

보수적 교육과정
진정한 교육의 본질은 흐르는 물의 한 가운데에 굳건히 버티고 있는 바위와 같아서 시대의 변화를 초월
– 검치 호랑이 교육과정 유지

진보적 교육과정
기후환경 변화에 따라 교육과정도 변화해야 함
새로운 교육과정 구성
– 덩굴 그물로 물고기 잡기
– 덫으로 영양을 잡기
– 함정을 파서 곰을 격퇴

급진적 교육과정
진보주의 교육과정에 의해 계층간의 빈익빈 부익부 현상이 발생하여 규칙에 문제를 제기하고 현 사회 구조의 변혁이 필요함

출처: 김동렬, 2024(Peddiwell(1995)의 '교육에 관한 우화 검치호랑이 교육과정' 요약).

4. 과학적 탐구 수준

과학 탐구를 할 때 학생들의 탐구능력에 따라 적절한 과학적 탐구 수준을 결정해야 한다. 문제 제시 단계부터 방법 선택, 결론 도출까지 학생들의 수준에 따라 단계별로 개방도를 유지하는 것이 중요하다. 학생들의 탐구능력이 낮은 학생들에게는 개방도가 낮은 탐구를, 탐구에 대한 많은 경험이 있거나 독창성이 뛰어난 학생들에게는 개방도가 높은 탐구를 계획해야 한다.

1) 탐구 문제 제시

문제에 대한 변인들을 설명하고 어떻게 조작하는지를 학생들에게 가르쳐 준다면 이것은 통제적 형태로 볼 수 있으며 변인이나 조작에 관해 설명하지 않고 '직접 찾아보자'식으로 아무런 정보를 제공하지 않는다면 개방적인 형태로 볼 수 있다.

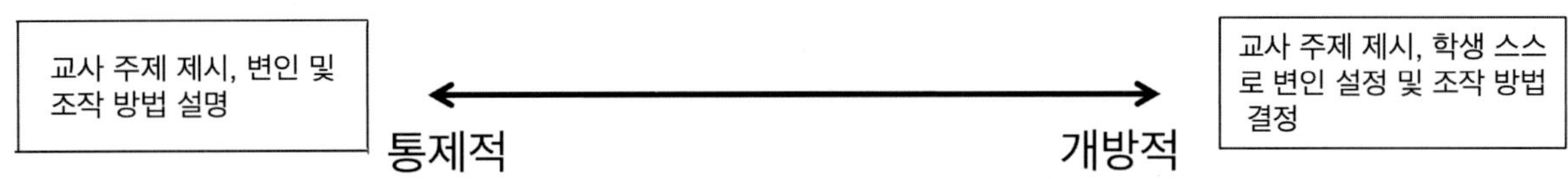

2) 방법 선택 단계

우리는 요리책식의 방법을 그대로 제시한 것에 대해 익숙해 있을지도 모른다. 그러나 학생들의 탐구 수준에 따라 탐구방법도 자율성을 부여하느냐, 아니면 교사가 방법을 제시하여 시간 내에 결론 도출을 원하느냐에 따라 개방성 수준도 달리해야 한다.

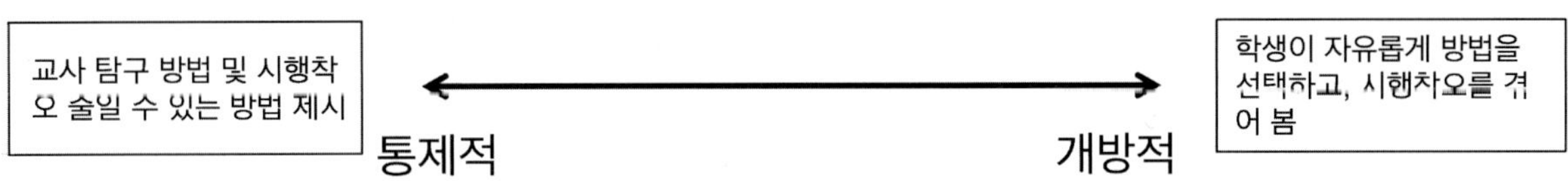

3) 결론 도출 단계

결론 도출도 교사가 정답을 원하는 경우 하나의 결론을 도출하도록 유도하는 통제적 형태가 될 수 있다. 그러나 정답을 원하는 것이 아니라 열린 형태로 모든 결론을 다 수용하고 과정적인 측면을 중요시하는 개방적 수준도 있다. 이러한 개방적 수준에서는 시행착오를 많이 겪을 수 있다는 어려움이 있다.

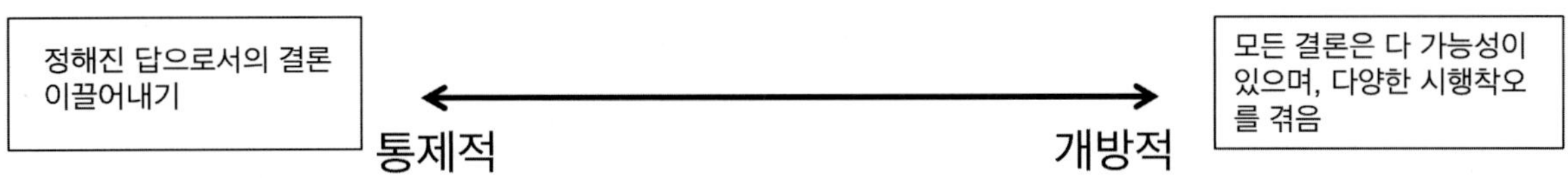

구체적으로 탐구는 학생과 교사의 역할 정도에 따라 구조화된 탐구(structured inquiry), 안내된 탐구(guided inquiry), 개방적 탐구(open inquiry)로 구분할 수 있다.

학생과 교사의 역할 정도에 따른 탐구 유형

유형	내용
구조화된 탐구	탐구 문제는 교사가 제시하고, 이미 주어진 탐구방법에 따라 학생들이 수행한다. 교사의 상황에 맞는 탐구 문제 제시 능력이 요구된다.
안내된 탐구	교사가 제시한 탐구 문제에 대해 학생들 스스로 탐구방법을 고안하여 수행하는 것으로, 학생의 주도적 탐구 수행 능력이 요구된다.
개방적 탐구	탐구 문제 발견에서부터 탐구 설계, 결론 도출까지 학생들이 주도적으로 수행하며, 교사는 피드백을 통해 탐구가 끝까지 진행될 수 있도록 돕는 역할을 수행한다.

5. 자유탐구 유형과 적합한 모형

요리책식 탐구에서 벗어나 생각하는 과학 탐구의 경험을 위해서는 학생의 생각을 열어야 한다. 개정 과학과 교육과정에서는 열린 탐구를 중요시하며, 열린 탐구의 대표적인 방법이 자유탐구다.

1) 자유탐구 유형

자유탐구 유형은 교사의 개입 정도, 시간, 학생의 탐구 수준, 개별 혹은 조별 활동, 과학 현상의 접근 방법, 주변 환경 등에 의해 여러 가지로 나눌 수 있다.

자유탐구 유형과 내용

유형	내용
관찰 탐구	과학 현상을 지속해서 관찰하는 탐구 기초 탐구 과정을 중심으로 탐구
실험 탐구	과학적 실험 설계를 통하여 과학 현상을 이해하는 탐구 과학자가 하는 탐구 형태로, 자연 현상을 증명하는 탐구
조사 탐구	과학 문헌이나 연구 자료를 직접 조사하여 과학 현상을 이해하는 탐구 기존 정보를 분석하여 체계적으로 정리하여 주변 사람들에게 알리는 탐구
기르기 탐구	동식물을 직접 기르면서 한살이 과정을 이해하는 탐구 동식물의 특성을 이해하는 과정 탐구
탐사 탐방 탐구	탐색할 곳을 직접 방문하여 탐구 기존 건물이나 시설물, 자연에서 과학 현상을 발견하는 탐구
만들기 탐구	기존 과학 원리를 이해하기 위하여 모형 만들기 과학 원리를 설명하기 위하여 새로운 것은 만드는 탐구

자유탐구 유형에 따라 결과 발표에 대한 평가지는 다르게 구성할 수 있으나, 기본적으로 탐구 문제 제시부터, 탐구 방법, 탐구 결과, 새로운 탐구 문제 제안까지의 질문 내용으로 평가할 수 있다.

자유탐구 결과 발표 평가지

발표자 이름____________________ **발표일** __________________________

자유탐구 제목 __________________________________

각 질문에 대해 '예'와 '아니오'란 에 체크하세요.

질문	예	아니오
탐구하고자 하는 문제를 명확히 제시하고 있는가?		
탐구 계획에 따라 탐구를 진행하였는가?		
탐구 순서, 준비물, 방법을 설명하고 있는가?		
실제 탐구를 지속해서 수행하였는가?		
다양한 과학 탐구 과정 기능을 이용하였는가?		
독창적인 탐구 기법을 사용하였는가?		
탐구를 위해 주변 환경을 적절히 활용하였는가?		
탐구를 수행하면서 탐구 계획을 수정하고 있는가?		
탐구 내용을 사진이나 그림으로 제시하면서 설명하고 있는가?		
탐구 결과를 알아보기 쉽게 정리하였는가?		
탐구 결과를 바탕으로 새로운 탐구 문제를 제안하는가?		

등급 결정은 다음과 같이 적용됩니다.
답항 '예'란 체크 A: 11~10개
답항 '예'란 체크 B: 9~7개
답항 '예'란 체크 C: 6~4개
답항 '예'란 체크 D: 3~0개

A등급을 받은 자유탐구 발표를 찾아봅시다.

2) 자유탐구에 적합한 모형

(1) Sharan & Sharan(1992)의 소집단 탐구 모형(Group Investigation, GI)

소집단 탐구 모형은 고차적인 인지 학습에 유용하도록 구조화된 학습모형으로, 모둠원들이 함께 모여 연구 주제를 선택하고 학습자료를 분석, 이해하여 아이디어를 확산하고 수정한 정보를 찾아 토론하고 분석하며 이미 배운 지식에 관련시켜서 새로운 지식으로 변형시키는 활동이다(이회란, 2009). 소집단 탐구모형에서 학생들은 그들의 관심, 인지능력 따라 선택한 학습 과제에 대해 보다 다양한 탐구 문제들을 던질 수 있다. 또한 이러한 개개인의 이질성은 탐구 문제를 해결하는 데 큰 정보 자원이 된다. 소집단 탐구모형은 학생들에게 넓고 다양한 학습 경험을 제공하기 위해 설계되었기 때문에 이미 정해진 지식이나 기능 습득보다는 여러 측면의 문제를 해결하기 위해서 정보를 습득, 분석, 종합하는 통합적 학습에 적합하다. 소집단 탐구 모형은 주제선정, 탐구방법 선정, 정보수집 및 분석, 결과 발표 등에 대해서 학생들에게 최대한 책임감과 자유를 부여하는 방식으로 자유탐구의 취지에 잘 부합한다.

Sharan & Sharan의 소집단 탐구 모형 단계 및 주요 전략(서춘선, 2003)

단계	전략
탐구 주제 정하기 모둠 구성하기	• 학생들은 자료를 살펴보고 주제를 제안하며 여러 주제를 분류한다. • 학생들은 자신들이 선택한 주제에 따라 모둠을 구성한다. • 모둠 구성은 관심 주제에 기초하여 구성한다. • 각 모둠은 자기들이 선택한 소주제에 대해 더욱 구체적으로 무엇을 어떻게 연구하고 누가 어떤 역할을 맡을지 정한다. • 교사는 정보 수집을 도와주고 모둠 구성을 촉진시킨다.
탐구 과제 계획하기	• 모둠원은 탐구할 내용과 탐구방법에 대해서 계획한다. • 모둠원은 정보를 수집하고, 조직하고, 그 정보들을 이해하고 통합시키기 위해 논의한다. • 탐구하는 목적을 알고 역할을 분담한다.
탐구 수행하기	• 모둠원들은 정보를 모으고 데이터를 분석한다. • 모둠원들은 소집단 탐구 과제에서 맡은 역할을 수행한다. • 서로의 생각을 교환하고 토론하며 명료화하여 종합한다.
최종 보고서 준비하기	• 모둠원은 탐구 발표 내용 중에서 중요한 내용을 정한다. • 모둠원들은 무엇을 어떻게 발표할 것인가를 결정한다. • 모둠원들은 보고서 작성과 발표를 위해 각자 맡은 역할을 수행한다. • 어떤 도구를 사용하여 발표한 것인지를 정하고, 준비한다.
최종 보고서 발표하기	• 각 모둠은 전체 학급에 각각의 소주제 탐구 내용을 발표한다. • 발표의 한 부분으로서 청중은 능동적으로 참여한다. • 청중은 전체 수업에서 미리 결정한 기준에 따라 발표와 명료함과 호소력을 평가한다.
평가하기	• 교사와 학생들은 협력하여 학생들의 학습을 평가한다. • 과학 탐구 기능을 평가한다. • 교사는 탐구 활동 중에 계속 평가해야 한다. • 개인 평가는 포트폴리오 평가가 적당하다.

(2) PBL(Problem-Based Learning)

PBL은 문제를 기반으로 학습을 진행하는 탐구방법이다. PBL에서 교수자는 학습자들에게 실제적인 문제를 제시하고, 학습자들은 그 문제를 해결하기 위해 상호 공동으로 문제 해결 방안을 모색하며, 개별학습과 협동학습을 통해 공동의 해결안을 마련하는 일련의 과정에서 학습이 이루어지게 된다.

PBL은 실제적인 문제를 해결하는 과정을 통해 학습하는 학습자 중심의 교수학습 방법으로 자유탐구의 목적에 부합되는 탐구 모형이라고 할 수 있다. PBL은 실제적인 문제를 해결하는 과정을 통해 학생들이 지식을 먼저 배우는 것이 아니라, 필요한 지식과 자료를 스스로 찾아서 학습함으로써 실제로 필요한 지식과 기술을 익히고, 이를 실제상황에 적용할 수 있는 능력을 기르도록 하는 특징이 있다(문두호 등, 2009).

학습 단계	교수학습 내용	참여
수업 분위기 조성	• 학습 목표 확인 • 학습자의 역할소개	전체
동기유발 문제 제시	• 학습 동기유발 – 다양한 학습자료를 바탕으로 쟁점이 되는 내용을 제시한다. • 문제 제시 – 실질적인 문제를 제시한다. • 제출할 과제물 소개 – 자기평가, 모둠평가에 대한 설명 – 보고서 작성에 대한 설명	전체
문제 해결 계획	• 모둠별 각자 역할 분담 • 모둠별 잠정적 해결책 설정 – 학습과제 수행을 위한 몇 가지 자료 소개 • 구체적 활동 계획 – 모둠별 학습일정 정하기	모둠별
자료 수집 및 분석	• 문제 해결에 필요한 자료를 탐색, 정리 – 개인별 계획에 따른 역할 수행 – 모둠원과 상호 연락	개별
모둠별 협동 및 토의	• 주어진 문제를 해결하기 위한 토의 – 각 모둠은 개인별 결과물을 종합 및 의견 교환	모둠별
결과물 제시 및 발표	• 모둠별 보고서 발표 – 어떤 방법으로 문제를 해결하였는가? – 문제를 통해 알게 된 사실은 무엇인가? – 문제 해결을 위해 더 알아야 할 것은 무엇인가? • 지식의 공유 • 해결책의 적합성 판단	전체
문제 결론 및 평가	• 학습결과를 정리해 보기 • 결과물(보고서) 제출 • 자기평가, 모둠평가 시행	전체, 개별

PBL 교수학습 과정(문두호 등, 2009)

모둠평가(Michaelsen et al., 2002)

우리 모둠원이 어느 정도 기여하였는지 평가를 할 필요가 있습니다. 이러한 기여는 아래와 같은 점들을 고려하여 산출합니다.

- 준비도: 탐구 준비를 얼마나 하였는가?
- 기여도: 모둠 토론과 성과에 얼마나 기여하였는가?
- 존경심: 다른 동료가 자신의 아이디어를 제시하도록 지지하였는가?
- 융통성: 불일치가 나타났을 때 유연하게 반응하였는가?
- 모둠 과제에서 누가 정말로 열심히 하고 누구는 덜 기여하였는지 평가하는 것은 중요합니다. 기여한 모둠원은 모둠 점수를 모두 받게 되나, 그렇지 않은 모둠원은 일부만 받게 됩니다.

본인을 제외하고 본인이 속한 모둠에서 모둠원의 기여를 평가하되, 모둠원별로 100점 만점을 나누어 부여하세요. 모둠원에 대한 조언을 첨부하세요.

모둠: ____________________ 부여한 점수

1.이름:________________ ____________
평가 사유

____

____

2.이름:________________ ____________
평가 사유

____

____

3.이름:________________ ____________
평가 사유

____

____

4.이름:________________ ____________
평가 사유

____

____

평가자 이름: 만점: 100점

자기평가(Sutman et al., 2008)

학생 이름 ____________________ **날짜** __________________________

탐구 제목 ___________________________________

이 양식은 각 자유탐구 참가자의 효율성을 분석하는 데 목적이 있습니다.
각 질문에 대해 '예'와 '아니오'란에 체크하세요.

질문	예	아니오
이 탐구의 성격을 이해하고 있습니까?		
이 탐구와 관련이 있는 논리를 이해하고 있습니까?		
차후 지시사항을 더 잘 이해하기 위해 모둠원과 협동했습니까?		
지시사항을 주의해서 따랐습니까?		
지원이 필요한 모둠원을 지원해 주었습니까?		
다른 사람의 설명을 주의 깊게 잘 들었습니까?		
설명을 요청하는 사람들에게 자세히 설명해 주었습니까?		
규칙을 안전하게 따랐습니까?		
모둠원을 존중했습니까?		
조사를 마치고 나서 토론에 참여했습니까?		
완성된 탐구 보고서를 작성했습니까?		

등급 결정은 다음과 같이 적용됩니다.
답항 '예'란 체크 A: 11~10개
답항 '예'란 체크 B: 9~7개
답항 '예'란 체크 C: 6~4개
답항 '예'란 체크 D: 3~0개

A등급을 얻기 위해 노력하세요!

6. 생명과학 교재연구 및 지도법 개방적 탐구 체계

오프라인 조별 활동 중심 생명과학 교재연구 및 지도법 수업 프로그램은 8개 탐구 주제를 선정하고 인터넷 카페 공지, 피드백, 발표 수업 진행, 평가 등 4단계의 교수 활동으로 진행이 되고, 학생 활동은 탐구 안내 확인, 모둠별 탐구 활동, 발표 활동 등 3단계로 진행이 된다.

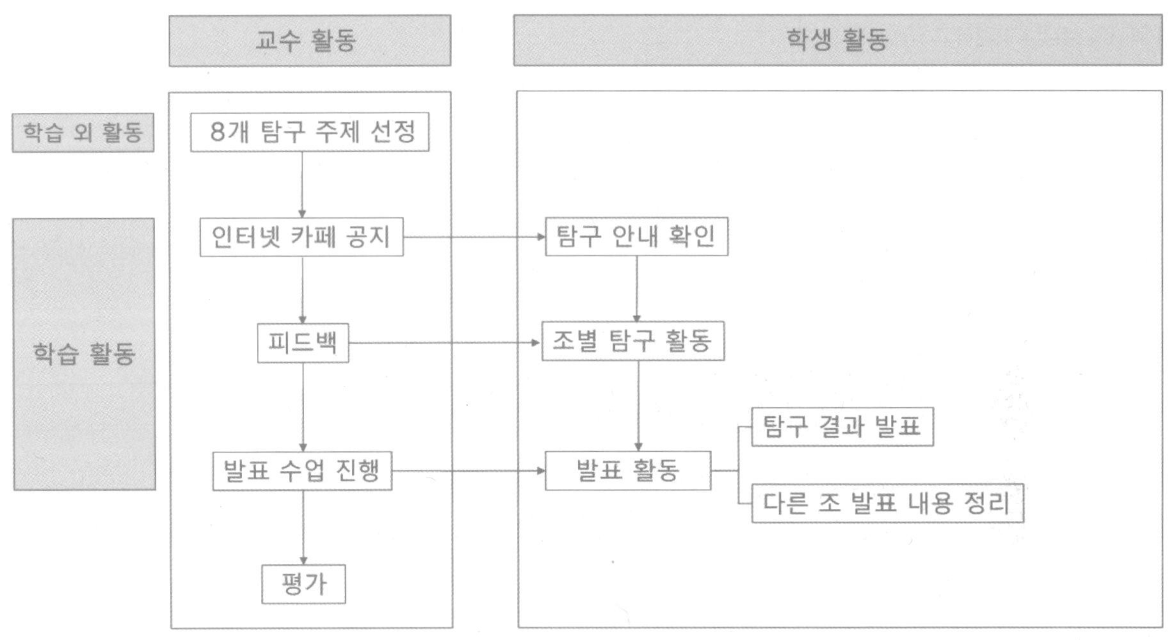

오프라인 조별 활동 중심 생명과학 교재연구 및 지도법 수업 프로그램(김동렬, 2021c)

오프라인 개별 활동 중심 생명과학 교재연구 및 지도법은 교수자가 탐구 주제를 선정하고 매주 인터넷 카페를 통해 탐구 주제와 탐구 노트 정리 내용을 공지한다. 학습자는 인터넷 카페를 통해 탐구 주제와 준비물, 탐구 노트 정리 내용을 확인한 후 수업에 임한다. 수업은 개별 활동 중심으로 진행되나 탐구 주제에 따라서는 조별 활동으로 진행되며 탐구 노트는 개별로 정리한다. 한살이 탐구는 탐구 일지 정리와 함께 영상을 촬영한다. 탐구 노트 정리 과정에서 어려운 점은 피드백을 통해 해결한다.

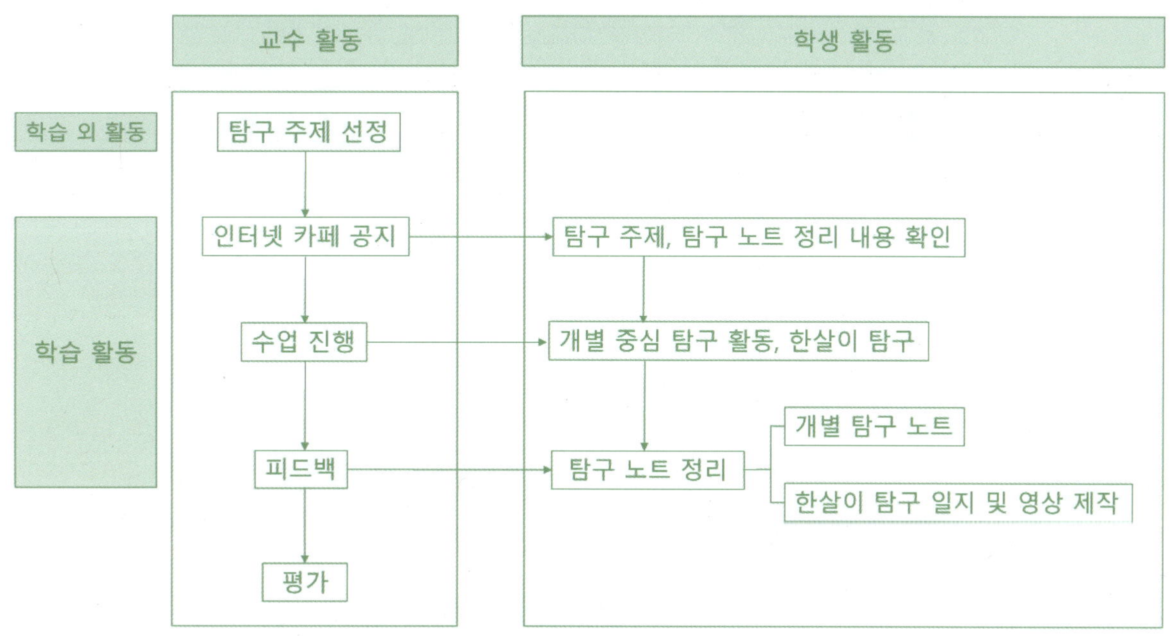

오프라인 개별 활동 중심 생명과학 교재연구 및 지도법 수업 프로그램

온라인 중심 생명과학 과학교과교재연구 및 지도법 수업 프로그램은 우선, 과학교과서를 분석하여 가정에서도 수행할 수 있는 탐구 활동을 추출하여 탐구 내용을 개별 활동, 한살이 활동, 조별 활동으로 구성한다. 인터넷 카페 공지를 통해 탐구 내용을 안내하고 예비교사들은 그 안내에 따라 탐구를 진행하다. 반복적인 수강을 위하여 영상을 촬영하여 대학교 Eclass에 탑재한다. 성실한 영상 시청을 유도하기 위하여 출석 인정 요건으로 1배속으로 수강, 100% 진도율, 정한 기간 이내 수강을 원칙으로 한다. 영상 내용은 매주 수행해야 할 개별 조별 탐구 활동, 한살이 활동 등에 관한 내용으로 교과서와 교사용 지도서를 중심으로 안내가 진행된다. 예비교사들은 Eclass를 수강하여 개별 탐구, 조별 탐구, 한살이 탐구를 순차적으로 진행한다. 피드백은 대면 피드백이 불가능한 상황에서 전화를 통해 이루어진다. 평가는 개별 탐구 노트, 조별 탐구 발표 영상, 한살이 탐구 일지 및 발표 영상, 수업 참여도 성실성 항목에 따른 세부 평가 기준을 설정하여 체크리스트 형태로 진행된다(김동렬, 2021c).

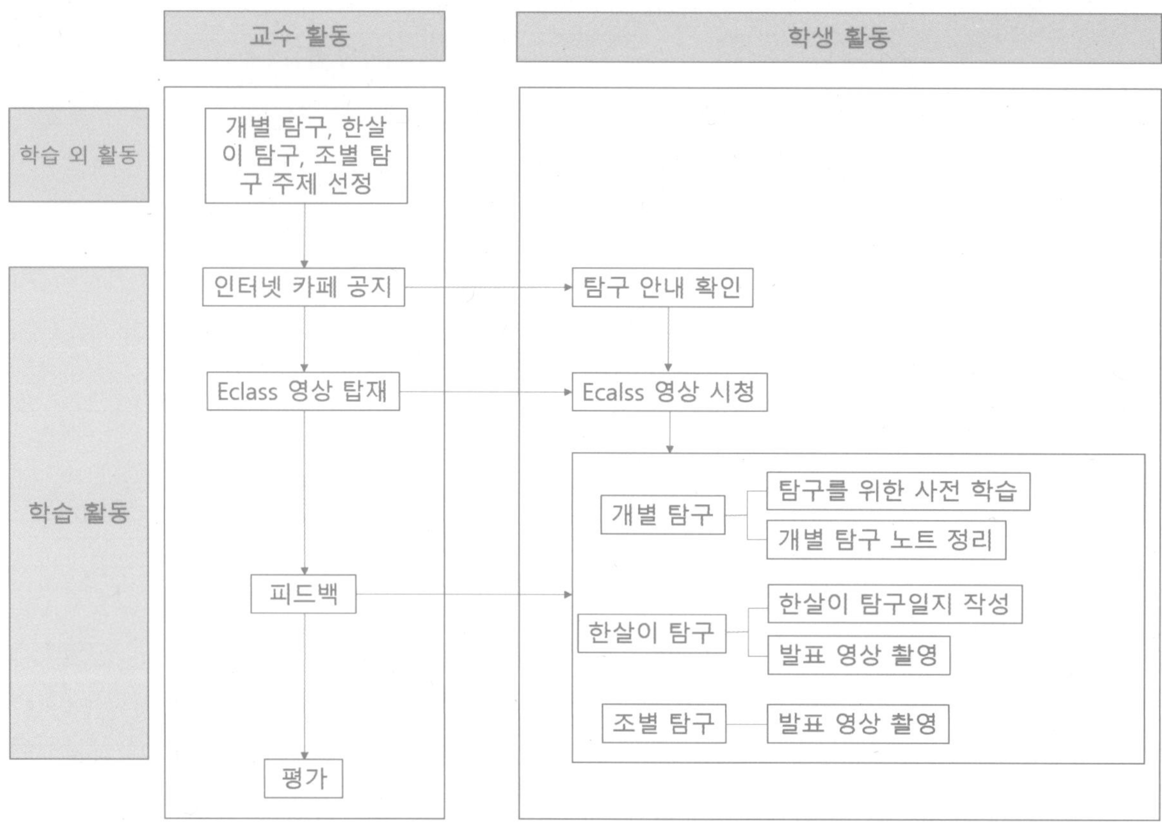

온라인 중심 생명과학 과학교과교재연구 및 지도법 수업 프로그램(김동렬, 2021c)

1) 개별 탐구 체계

주별 탐구 주제 확인	• 주별 탐구 주제를 확인한다. • 주별 탐구 주제에 대한 기본적인 사항은 면대면 강의나 원격강의를 통하여 안내한다. • 탐구 주제는 과학 교과서 탐구활동 주제를 기본으로 한다. • 교과서 탐구활동과 예비교사로서 해결해야 할 심화 활동을 확인한다. • 개별 탐구는 개인적으로 진행하며 주마다 탐구 문제를 해결해야 한다.

⇩

교과서 분석	• 해당 탐구 주제가 포함된 교과서를 분석한다. • 교과서 탐구활동의 준비물, 탐구 과정을 확인한다. • 교과서는 철저히 분석하여 놓치는 부분이 없도록 한다. • 예비교사로서 심화 활동으로 무엇을 할 수 있는지 확인한다. • 교과서 탐구 활동의 개선점을 찾고 교사로서 갖추어야 할 과학 지식을 확인한다.

⇩

탐구 설계하기	• 개별 탐구를 위해 제공되는 재료와 개인이 준비해야 할 것을 확인한다. • 개인적인 환경을 고려하여 탐구를 설계한다. • 개별 탐구는 친구와 준비물을 공유하거나 함께 탐구를 진행할 수 없다. • 탐구 결과의 제출 기한을 고려하여 설계한다.

⇩

탐구하기	• 안전에 유의하면서 진행한다. • 매 학기 실험 안전교육을 이수하고 수행한다. • 직접 탐구를 수행하면서 시행착오를 겪고 그 내용을 차례대로 정리한다. • 야외에서 동식물 관찰 및 채집 시 긴팔과 긴바지를 입고 해충 퇴치 스프레이를 사용한다. • 동식물 채집 시 생명을 존중하는 자세를 먼저 갖고 관찰 후 자연으로 돌려보낸다. • 매주 탐구가 진행되므로 미루지 말고 그때그때 해결해야 한다.

⇩

피드백 받기	• 탐구 설계 후 피드백을 받거나, 탐구를 진행하면서 피드백을 받을 수 있다 • 수업이 면대면 혹은 원격강의 등 어떤 식으로 진행되느냐에 따라 피드백 방법은 다르므로 별도 공지를 확인한다. • 강의시간, 회의시간, 학과행사, 출장이나 공휴일인 경우는 피드백이 없는 것으로 한다. • 평소 피드백 시간은 별도 공지한다.

⇩

개별 탐구 노트 정리	• 개별 탐구 노트는 해당 항목별로 학생관점과 교사관점이 포함된 내용으로 정리한다. • 작성 공간이 부족할 경우 별도의 용지(포스트 잇 등)에 작성하여 해당 개별 탐구 학습 노트에 부착한다. 1) 탐구 기구 및 재료→2) 탐구방법→3) 탐구 결과(사진 혹은 그림 포함)→4) 핵심 과학 개념→5) 현장 적용 Tip – 학생관점: 학생으로서 탐구를 수행하여 과정과 방법을 정리한다. 학생으로서 탐구 경험을 정리한다. – 교사관점: 과학을 가르치는 교사로서 단계별 알아야 할 점과 지도상의 유의점 등을 정리한다. – 탐구 기구 및 재료: 교과서 탐구활동에 제시된 준비물, 개별 활동을 위해 추가된 준비물, 대체 준비물, 심화활동을 위한 준비물 등을 정리한다. – 탐구방법: 탐구활동의 진행 과정을 학생관점과 교사관점으로 정리한다. 심화활동이 있을 시 교과서 기본 탐구활동과 별도로 정리한다. – 탐구결과: 탐구의 결과를 알아보기 쉽게 표나 그래프로 정리하고, 교사로서 지도해야 할 관점 등을 정리한다. 시행착오를 함께 정리한다. – 핵심 과학 개념: 해당 차시의 주요 과학적 개념과 교사로서 알아야 할 과학 개념을 정리한다. 핵심 과학 개념의 지도 방법도 정리한다. – 현장 적용 Tip: 교과서 탐구활동의 성공적인 수행을 위하여 재료, 처치 과정 등에 대한 주요 내용을 정리한다. • 개별 탐구 노트 평가는 학생관점과 교사관점으로 나누어 평가한다. • 원격강의일 경우 활동 증거사진(1~2장) 혹은 영상을 e메일로 학과별 원격강의 종료일까지 제출한다(e메일제목: ( )주차학과학번이름, 첨부파일명: ( )주차학과학번이름). • 증거사진이란 본인이 직접 활동해 보았다는 관련 증거 내용을 의미한다(예, 학생증 포함 사진-이름과 학번 정도는 보이도록, 그러나 구체적인 개인적 정보가 포함된 사진은 보내지 않는다. 학생증이 없는 경우 주민증도 가능) • 개별 탐구 노트는 자필로 작성한다. • 인터넷 문서와 사진은 절대 사용하지 않는다.

⇩

개별 탐구 노트 제출하기	• 교재의 개별 탐구 노트에 정리하므로 교재를 제출하면 된다. 수시 검사를 위하여 수시 제출을 요청할 수 있다. • 구체적인 제출 장소와 일정은 별도로 공지한다. • 개별 탐구 노트(교재)는 평가 후 현장에 가서 참고하도록 그리고 초등 임용고사 공부를 위하여 돌려받는다.

⇩

평가	• 개별 탐구 노트(학생관점, 교사관점), 태도, 증거사진, 출석 등의 항목에 따라 반영 비율을 달리하여 평가한다. • 구체적인 평가 항목과 기준은 별도로 공지하므로 꼼꼼히 확인한다.

2) 조별 탐구 체계

조 편성	• 8개 조로 편성한다. • 조별 3명을 기본으로 하고, 학과별 재학 인원수에 따라 자유롭게 2~4명을 한 조로 편성할 수 있다. • 과대표는 조 편성 리스트를 오리엔테이션 받은 당일에 e메일로 제출한다.

⇩

탐구 주제 확인	• 8개 탐구 주제를 파악한다. • 8개 탐구 주제는 현장에 가기 전에 예비교사로서 반드시 수행해 보아야 할 주제를 중심으로 선정한다. • 8개 탐구 주제 중에서 조별로 1개의 탐구 주제를 집중 탐구한다. • 조별 해당 탐구 주제에서 해결해야 할 구체적 과제를 확인한다.

⇩

탐구 보고서 및 발표 체계 확인	• 탐구 보고서와 발표 체계는 다음과 같이 구성한다. 1) 단원 학습 체계→2) 해당 차시별 학습 목표→3) 아동의 실태→4) 교과서의 내용 분석 및 개선점 찾기→5) 탐구 문제, 탐구방법→6) 탐구 결과 정리→7) 시행착오 및 탐구 문제점 해결하기→8) 탐구단계별 어려운 점(탐구 과정에서의 어려움(재료, 실험 과정 측면 등), 실험기구 및 학교 현장 환경(장소, 시간)상의 어려움, 교사 지식 측면의 어려움)→9) 교사가 갖추어야 할 과학 지식→10) 개별 탐구 일지 • 다양한 활동(실험 활동) 사진은 발표 보고서 및 발표 PPT에 첨부한다. • 활동 사진은 성실히 탐구를 수행했다는 증거가 될 수 있다. • 과년도 발표 자료를 표절하는 일이 없도록 한다. • 인터넷 문서와 사진은 보고서나 발표 PPT에 절대 사용해서는 안 된다.

⇩

교과서 분석 및 조별 탐구 계획 수립	• 교과서와 지도서는 철저히 분석하여 놓치는 부분이 없도록 한다. • 탐구활동에 필요한 준비물을 확인한다. • 제공되는 기본 준비물 외에 나머지 준비물은 조에서 준비한다. • 미리미리 준비물을 받아가서 미리 수행하는 자세가 필요하다. 특히, 배추흰나비와 강낭콩의 한살이, 광합성, 동식물 채집 조(날씨가 추워지면 채집할 수 없음). • 대출된 물품(전자온습도계, 채집 세트, 사육 망, 나비채, 루페, 화분, 지지대 등)은 발표 후 반드시 반납해야 한다. 기타 실험기구, 초자기구, 시약, 표본 제작 도구 등은 대출이 안 되며 실험실 내에서만 사용할 수 있다. • 탐구 과정 및 일정을 설계한다. • 조원의 역할을 분담한다. • 탐구 주제에 따라 반성적 탐구 일지와 한살이형 탐구 일지 작성을 계획한다.

⇩

실험실 예약하기	• 실험실 사용을 위해 실험 조교 선생님과 상의하여 사전 예약을 한다. • 실험실에 수업 있는 시간대에는 예약이 불가하다. • 탐구 주제에 따라 일정 시간대에 실험실 예약이 집중될 수가 있으므로 미리미리 예약하여 진행한다. • 실험실 사용시간은 9:00~12:00, 1:20~5:40이다.

⇩

탐구 수행하기	• 탐구 시 특히 안전에 유의해야 한다. • 매 학기 실험 안전교육을 이수하고 수행한다. • 모든 조는 해당 차시 교과서 활동은 기본적으로 탐구해야 한다. • 다른 교과 및 특정 학과의 재료를 무단으로 사용하여 피해를 주는 일이 없도록 한다. • 실험실 사용 후 실험기구 정리를 잘한다. • 전기기구는 켜놓고 실험실을 나갈 수 없다. • 적어도 조원 중 한 명은 실험대를 지켜야 한다. • 실험실 내에서 음식물을 섭취하는 일이 없도록 한다. • 실험 후 정리정돈을 안 하는 경우 다음 실험실 예약에 제약이 있다. • 배추흰나비 알 채집 시 배추밭이나 케일밭 소유자에게 허락을 반드시 받는다. • 야외에서 동식물 관찰 및 채집 시 긴팔과 긴바지를 입고 해충 퇴치 스프레이를 사용한다. • 동식물 채집 시 생명을 존중하는 자세를 먼저 갖고 관찰 후 자연으로 돌려보낸다. • 탐구 주제에 따라 반성적 탐구 일지와 한살이형 탐구 일지를 교재에 작성한다.

⇩

피드백 받기	• 피드백은 수시로 받아 완성도 높은 탐구 과정 및 결과를 정리한다. • 수시로 연구실에서 피드백을 받을 수 있다. • 조별 피드백 횟수는 제한이 없다. • 강의시간, 회의시간, 학과행사, 출장이나 공휴일인 경우는 피드백이 없는 것으로 한다. • 평소 피드백 시간은 별도 공지한다. • 강의시간 중 혹은 강의와 강의 사이의 쉬는 시간에는 피드백을 하지 않는다. 강의내용을 하기만도 시간이 부족하기 때문이다.

⇩

최종 보고서 및 발표 PPT 제출	• 발표 PPT, 보고서 파일은 발표 전날 22시까지 e메일로 제출한다(파일명: 학과명( )조). • 파일명 양식을 지키지 않고 제출 시 파일이 sort되지 않아 미제출로 처리될 수 있다는 점을 유의한다. • 보고서 출력물 1부는 발표시간에 제출한다. – 보고서 규격: A4용지 – 보고서 표지: 제목, 학과명, 조 number, 조원의 학번과 이름 – 보고서 내용: 발표 체계 참조 – 프린트 색상: 평가와는 아무런 관련이 없음 – 분량: 탐구 주제에 따라 차이는 있다.

⇩

발표하기	• 발표는 강의 2주차부터 1조 발표가 시작되며, 순차적으로 2조에서 8조까지 진행이 된다. • 생물재료인 관계로 조별 발표 일시는 변경할 수 없다. 발표일이 공휴일이면 그 주에 보강한다. • 활동은 직접 시연하고 실물, 탐구 결과물은 발표장에 가지고 와야 한다. 발표 후 일부 결과물은 제출한다. • 발표 시 사용할 수 있는 시청각 기자재는 실물화상기, 빔프로젝트, 컴퓨터(PPT)가 있다. • 인터넷이 Down 되는 경우를 대비하기 위해 저장 매체(USB)에 저장해서 수업에 임한다. • 발표시간은 35분이고 질의응답 및 보충 설명 시간은 15분이다. • 조원 모두가 발표한다. • 발표 순서는 발표 당일 임의로 교수가 정한다. • 동일한 주제의 타과 발표를 무단으로 듣고 발표하는 일이 없도록 한다.

⇩

조별 발표 정리 노트 및 제출하기	• 본인 조의 발표 내용을 제외한 나머지 7개의 탐구 주제 발표 내용을 교재 정리 노트에 정리해야 한다. • 주제별 A4 2면 이내로 자필로 작성한다. • 수업시간에 발표를 잘 듣고 발표 내용 및 질의응답 내용을 중심으로 바로바로 정리한다. • 정리해야 할 내용: 발표 차시 학습 목표, 아동 실태의 시사점, 교과서 주요 내용 및 개선점, 발표 내용의 문제점 & 배운점, 교사가 갖추어야 할 과학 지식(이것만은 꼭!) • 다른 조의 발표 내용과 과학 지식을 이해하고 나름의 방식으로 자기 것 화하여 정리하는 것이 중요하다. • 해당 항목별로 학생관점과 교사관점이 포함된 내용으로 정리한다. – 학생관점: 학생으로서 탐구를 수행한 과정과 방법을 정리한다. 학생 관점으로서 탐구 경험을 정리한다. – 교사관점: 과학을 가르치는 교사로서 단계별 알아야 할 점과 지도상의 유의점 등을 정리한다. • 조별 발표 정리 노트 평가는 학생관점과 교사관점으로 나누어 평가한다. • 교재 조별 발표 정리 노트에 정리하므로 교재를 제출하면 된다. • 제출 장소와 방법은 별도의 공지를 확인한다. • 조별 발표 정리 노트(교재)는 평가 후 현장에 가서 참고하도록 그리고 초등교사 임용고사 공부를 위하여 돌려받는다.

⇩

평가	• 조별 탐구 보고서, 발표 능력, 발표 자료, 조별 발표 학습 노트, 태도, 출석 등의 항목에 따라 반영 비율을 달리하여 평가한다. • 구체적인 평가 항목과 기준은 별도로 공지하므로 꼼꼼히 확인한다.

3) 블렌디드 러닝(blended learning) 체계

(1) 블렌디드 러닝의 의미

온라인 수업의 편리하고 언제 어디서나 접근할 수 있는 장점과 오프라인 수업의 교수자와 학습자 간의 직접적이고 즉각적인 피드백이 가능하여 적극적인 수업 참여를 유도할 수 있는 장점을 혼합한 교수학습 방법이 블렌디드 러닝이다.

온라인 상태에서는 e-mail, 블로그, 카페, SNS 등을 이용하여 장소와 시간에 구애받지 않고 상호작용이 가능하다. 그러나 교수자의 즉각적인 피드백과 탐구에서 순간순간 발생하는 생각들의 공유를 통한 새로운 상황으로 나아가는 것이 어려우므로 이러한 단점을 면대면 수업과 결합을 통해 해결할 수 있다.

또한, 오프라인 상태에서 생명과학 탐구를 학습자 주도적으로 진행하는 데에는 시간 조절과 확보에 어려움이 있다. 특히, 오프라인 상태에서 생명과학 탐구에 대한 안내와 수행까지 이어지기에는 시간상으로 부족함을 항상 느낀다. 학습자들은 탐구 수행 전 교수자의 안내를 이해하지 못하거나 어려운 개념들에 대해 시간적인 제한으로 이해하지 못한 채 바로 탐구를 수행하는 때도 있다. 따라서 블렌디드 러닝을 적용하면 사전에 알아야 할 내용과 지식적인 부분은 동영상 강의를 통하여 학습하고, 이해하기 어려운 부분은 반복 시청이나 사전 온라인 질의를 통해 해결할 수 있다. 이어서 실험실에서는 사전에 학습한 지식을 기반으로 바로 탐구를 진행할 수 있다. 즉, 블렌디드 러닝은 전통적 수업의 장점과 온라인 학습자 중심 수업의 장점을 보완한 형태로 교수자의 가르침과 학습자의 주도권을 혼합한 형태로 해석할 수 있다. 수업에서 온라인 학습과 오프라인 학습의 장점을 같이 활용한다는 측면에서 플립러닝(Flipped Learning, 거꾸로 학습) 또한 블렌디드 러닝의 한 유형으로 볼 수 있다.

이와 같이 블렌디드 러닝은 단순 전통적인 수업방법과 온라인 수업방법이 합해진 것의 이상으로 다양한 학습 매체와 방법의 장점을 혼합한 총체적인 전략이다. 따라서 생명과학 탐구에서 블렌디드 러닝은 생명과학의 이론과 탐구의 학습자 주도적으로 접근을 돕는 최적의 학습환경을 구축하기 위한 설계 전략으로 평가받고 있다.

(2) 블렌디드 러닝의 과정

단계	내용
1단계 온라인 학습 **영상 시청하기**	• LMS로 진행되며 시청 여부를 통해 1차시(한 주) 출석이 체크된다. • 교과서 단원체계를 확인한다. • 교과서 본 차시의 구성을 확인한다. • 교과서 탐구활동과 예비교사로서 해결해야 할 심화 활동을 확인한다. • 탐구를 위해 개별 혹은 조별로 준비해야 할 것을 확인한다. • 교사로서 알아야 할 핵심 개념을 확인한다.
2단계 온라인 학습 **탐구를 위한 사전 준비하기**	• 실험실에서는 직접 탐구를 해야 하므로 사전에 충분한 시간을 가지고 사전 준비사항을 정리한다. • 본 차시의 교과서를 분석하여 정리한다. • 탐구를 설계한다(준비물, 탐구방법, 예상되는 결과 등). • 탐구를 위해 개별 혹은 조별 준비물을 준비한다. • 성공적인 탐구를 위한 유의점을 파악하여 정리한다. • 교사로서 알아야 할 핵심 개념을 추출하여 정리한다. • 개별 탐구에 대해서는 개별적으로 정리한다. ※ [사전노트정리] 원격 강의 내용의 정리, 원격 강의에서 정리할 것을 요청한 내용, 탐구를 해보기 전에 조사한 내용, 사전 탐구계획, 퀴즈 등 • 조별 탐구에 대해서는 온라인 상호작용을 통하여 탐구에 대한 사전 준비 내용을 공유하고, 정리는 개별적으로 한다. • 탐구에 대한 사전 이해하기 과정에서 어려운 부분은 전화를 통해 피드백을 받는다. • 구체적인 피드백 방법은 별도의 공지를 확인한다. • 인터넷 문서와 사진은 절대 사용하지 않는다. • 조편성은 조별 3명을 기본으로 하고, 학과별 재학 인원수에 따라 자유롭게 2~4명을 한 조로 편성할 수 있다. • 과대표는 조 편성 리스트를 오리엔테이션 받은 당일에 e-mail로 제출한다.

3단계 오프라인 학습 **탐구 수행하기**	• 2차시는 사전 학습한 내용을 바탕으로 실험실에서 탐구를 수행한다. • 오프라인 탐구활동에 참여함으로써 2차시(한 주) 출석이 체크된다. • 안전에 유의하면서 진행한다. • 매 학기 실험 안전교육을 이수하고 실험을 수행한다. • 제한된 시간 내에 탐구를 완료하기 위해 사전 학습 내용을 최대한 활용한다. • 개별 탐구 주제는 개별적으로 실험실에서 진행한다. • 조별 탐구 주제는 조별 상호작용을 하면서 실험실에서 진행한다. • 탐구 진행 시 궁금한 점에 대해서는 교수자에게 면대면 피드백을 통해 즉각적으로 해결한다. • 탐구 후 실험대 및 기구 정리정돈을 철저히 한다.
4단계 오프라인 학습 **탐구 내용 정리하기**	• 탐구한 결과는 교재 '개별 탐구 노트'에 정리한다. • 조별 탐구에 관한 결과도 개별적으로 '개별 탐구 노트'에 정리한다. • '개별 탐구 노트'에는 탐구한 일시를 기록한다. • 개별 탐구 노트는 자필로 작성한다. • 인터넷 문서와 사진은 절대 사용하지 않는다. • 개별 탐구는 친구와 준비물을 공유하거나 함께 탐구를 진행할 수 없다. • 개별 탐구 노트 정리 시 궁금한 점에 대해서는 교수자에게 면대면 피드백을 통해 즉각적으로 해결한다. • 개별 탐구 노트는 해당 항목별로 사전 준비한 내용과 직접 탐구를 수행한 내용을 바탕으로 정리하고, 학생관점과 교사관점이 포함된 내용으로 정리한다. • 작성 공간이 부족할 경우 별도의 용지(포스트 잇 등)에 작성하여 해당 개별 탐구 노트에 부착한다. 1) 탐구 기구 및 재료→2) 탐구방법→3) 탐구 결과(사진 혹은 그림 포함)→4) 핵심 과학 개념→5) 현장 적용 Tip – 학생관점: 학생으로서 탐구를 수행하여 과정과 방법을 정리한다. 학생으로서 탐구 경험을 정리한다. – 교사관점: 과학을 가르치는 교사로서 단계별 알아야 할 점과 지도상의 유의점 등을 정리한다. – 탐구 기구 및 재료: 교과서 탐구활동에 제시된 준비물, 개별 활동을 위해 추가된 준비물, 대체 준비물, 심화활동을 위한 준비물 등을 정리한다. – 탐구방법: 탐구활동의 진행 과정을 학생관점과 교사관점으로 정리한다. 심화활동이 있을 시 교과서 기본 탐구활동과 별도로 정리한다. – 탐구결과: 탐구의 결과를 알아보기 쉽게 표나 그래프로 정리하고, 교사로서 지도해야 할 관점 등을 정리한다. 시행착오도 함께 정리한다. – 핵심 과학 개념: 해당 차시의 주요 과학적 개념과 교사로서 알아야 할 과학 개념을 정리한다. 핵심 과학 개념의 지도 방법도 정리한다. – 현장 적용 Tip: 교과서 탐구활동의 성공적인 수행을 위하여 재료, 처치 과정 등에 대한 주요 내용을 정리한다.
5단계: 온 · 오프라인 **학습평가**	• '개별 탐구 노트' 정리한 것을 바탕으로 탐구 준비 및 수행에 대해 평가한다. • 교재의 탐구 노트에 정리하므로 교재를 제출하면 된다. 수시 검사를 위하여 수시 제출을 요청할 수 있다. • 이외에도 개별 탐구에 대한 참여도, 조별 탐구에 대한 참여도, 탐구 일지, 온 · 오프라인 출석 등을 확인하여 평가한다. 항목에 따라 반영 비율을 달리하여 평가한다. • 구체적인 평가 항목과 기준은 별도로 공지하므로 꼼꼼히 확인한다. • 탐구 노트(교재)의 구체적인 제출 장소와 일정은 별도로 공지한다. • 개별 탐구 노트(교재)는 평가 후 현장에 가서 참고하도록 그리고 초등 임용고사 공부를 위하여 돌려받는다.

4) 실험실 안전서약서

실험실 안전서약서를 직접 작성해보고 실험실 안전사고 대처 요령을 다시 생각해 보는 기회를 가진다.

실험실 안전서약서

나는

1. 실험실 안전교육 필수 이수 시간을 지킬 것이다.
2. 실험 중 안전에 대한 담당 교수(선생님)의 지시를 따를 것이다.
3. 실험 주제에 따른 안전사고 대처 요령을 숙지한 후 실험에 임할 것이다.
4. 실험 전에 안전설비 위치를 확인할 것이다.
5. 실험 주제에 따라 필요한 안전장비를 착용하여 몸을 보호할 것이다.
6. 긴 머리는 묶고, 몸에서 장신구를 제거하여 가방에 보관할 것이다.
7. 실험 중에는 실험에만 집중하고 휴대전화를 사용하지 않고 음식도 먹지 않을 것이다.
8. 실험 중에는 실험대를 지키고 실험기구나 약품들을 함부로 이동하지 않을 것이다.
9. 실험 후에는 정리정돈을 잘하고, 폐기물은 폐기통에 버릴 것이다.
10. 실험실 안전사고가 발생 시 숙지한 대처 요령에 따라 행동할 것이다.
11. 실험실 안전사고는 예방이 최우선임을 항상 인지할 것이다.
12. 실험실에서 관찰할 동식물 채집 시 긴팔과 긴바지를 입고 해충 퇴치 스프레이를 사용할 것이다.

위 사항을 지키는 데 동의한다.

날짜: 서약자:

7. 생명과학 단원 체계

2015 개정 과학과 교육과정의 3~4 학년군 생명 영역 단원은 '동물의 한살이', '동물의 생활', '식물의 한살이', '식물의 생활'로 구성되어 있고, 5~6 학년군 생명 영역 단원은 '다양한 생물과 우리 생활', '생물과 환경', '식물의 구조와 기능', '우리 몸의 구조와 기능'으로 구성되어 있다. 통합 영역의 '물의 여행', '에너지와 생활' 단원이 생명 영역과 관련이 있다.

2022 개정 과학과 교육과정의 3~4 학년군 생명 영역 단원은 '동물의 생활', '식물의 생활', '생물의 한살이', '다양한 생물과 우리 생활', '생물과 환경'으로 구성되어 있고, 5~6 학년군 생명 영역 단원은 '우리 몸의 구조와 기능', '식물의 구조와 기능'으로 구성되어 있다. 과학과 사회 영역의 '감염병과 건강한 생활', '기후변화와 우리 생활', '자원과 에너지', '과학과 나의 진로' 단원이 생명 영역과 연관지어 학습이 이루어질 수 있다.

2022 개정 과학과 교육과정의 생명 영역 내용 체계와 성취기준은 다음과 같다(교육부, 2022).

<table>
<tr><td colspan="2">핵심 아이디어</td><td colspan="3">• 생물은 세포로 이루어져 있고, 여러 구성 단계가 유기적으로 연관되어 있으며, 조화로운 작용을 통해 건강한 몸을 유지한다.
• 식물은 광합성으로 양분을 만들며, 생물은 호흡을 통해 생명 활동에 필요한 에너지를 얻는다.
• 동물은 다양한 감각 기관을 통해 자극을 받아들이고, 신경계와 호르몬의 작용을 통해 반응한다.
• 생물은 생식을 통해 자손을 생산하고, 생물의 형질은 유전자에 의해 자손에게 전달되며, 생물의 유전 현상은 사람의 가계에서도 관찰된다.
• 우리 주변의 다양한 생물은 환경과 영향을 주고받으며 밀접한 관계를 맺고 있으며, 생물다양성은 생태계와 인간의 삶과도 밀접하게 관련되어 있다.</td></tr>
<tr><td colspan="2" rowspan="3">구분 / 범주</td><td colspan="3">학년(군)별 내용 요소</td></tr>
<tr><td colspan="2">초등학교</td><td>중학교</td></tr>
<tr><td>3~4학년군</td><td>5~6학년군</td><td>1~3학년</td></tr>
<tr><td rowspan="2">지식 · 이해</td><td>생물의 구조와 에너지</td><td>• 동물의 생김새
• 식물의 생김새
• 균류, 원생생물, 세균의 특징</td><td>• 세포의 구조
• 뼈와 근육의 구조와 기능
• 소화 · 순환 · 호흡 · 배설 기관의 구조와 기능
• 뿌리, 줄기, 잎, 꽃의 구조와 기능
• 증산 작용
• 광합성 산물</td><td>• 세포와 생물 구성 단계
• 소화계, 순환계, 호흡계, 배설계의 구조와 기능
• 광합성 과정
• 광합성에 영향을 미치는 요인
• 식물의 호흡과 광합성의 관계</td></tr>
<tr><td>항상성과 몸의 조절</td><td></td><td></td><td>• 감각 기관의 구조와 기능
• 뉴런과 신경계의 구조와 기능
• 자극에서 반응까지의 경로
• 호르몬에 의한 항상성 유지</td></tr>
</table>

<table>
<tr><td rowspan="3">지식 · 이해</td><td>생명의 연속성</td><td>• 동물의 한살이
• 식물의 한살이
• 식물이 자라는 조건
• 다양한 환경에 사는 동물과 식물
• 특징에 따른 동물 분류
• 특징에 따른 식물 분류</td><td></td><td>• 세포분열
• 동물의 발생 과정
• 유전 형질과 유전 원리
• 변이와 생물다양성
• 종의 개념과 분류 체계
• 생물다양성 보전의 중요성</td></tr>
<tr><td>환경과 생태계</td><td>• 생물 요소와 비생물 요소
• 환경오염이 생물에 미치는 영향
• 먹이사슬과 먹이그물</td><td></td><td></td></tr>
<tr><td>생명과학과 인간의 생활</td><td>• 생활 속에서 동물과 식물의 이용
• 균류, 원생생물, 세균의 이용
• 생명과학과 우리 생활</td><td></td><td></td></tr>
<tr><td colspan="2">과정 • 기능</td><td colspan="2">• 자연과 일상생활에서 생명 현상 관련 문제 인식하기
• 문제를 해결하기 위한 탐구 설계하기
• 생물 관찰 및 분류하기
• 자료 조사 및 해석하기
• 모형으로 설명하기
• 자신의 생각과 주장을 과학적 언어를 사용하여 협력적 소통하기</td><td>• 생물 특징과 생명 활동 관계 추론하기
• 생물 분류하기
• 생명 현상 관찰을 토대로 문제를 인식하고 가설 설정하기
• 관찰, 측정, 분류, 예상, 추리 등을 통해 자료를 수집하고 비교 • 분석하기
• 적절한 변인을 포함하여 탐구 설계하기
• 탐구 결과를 해석하여 결론을 도출하기
• 모형을 만들어 생명 현상을 설명하거나 예측하기
• 협력적 소통하기</td></tr>
<tr><td colspan="2">가치 • 태도</td><td colspan="3">• 과학의 심미적 가치
• 과학 유용성
• 자연과 과학에 대한 감수성
• 과학 창의성
• 과학 활동의 윤리성
• 과학 문제 해결에 대한 개방성
• 안전 • 지속가능 사회에 기여
• 과학 문화 향유</td></tr>
</table>

출처: 교육부(2022). 2022 개정 과학과 교육과정 해설서.

단원	탐구활동	성취기준
동물의 생활	동물 분류 기준 정하기	[4과02-01] 여러 가지 동물을 관찰하여 특징에 따라 동물을 분류할 수 있다. [4과02-02] 다양한 환경에 서식하는 동물을 조사하여 동물의 생김새와 생활 방식이 환경과 관련되어 있음을 설명할 수 있다. [4과02-03] 동물의 특징을 이용하여 일상생활에서 활용할 수 있는 생활용품을 설계하여 협력적으로 소통할 수 있다.
식물의 생활	식물 분류 기준 정하기	[4과03-01] 여러 가지 식물을 관찰하여 특징에 따라 식물을 분류할 수 있다. [4과03-02] 다양한 환경에 서식하는 식물을 조사하여 식물의 생김새와 생활 방식이 환경과 관련되어 있음을 설명할 수 있다. [4과03-03] 식물의 특징을 이용하여 일상생활에서 활용할 수 있는 생활용품을 설계하여 협력적으로 소통할 수 있다.
생물의 한살이	곤충의 한살이 관찰하기	[4과04-01] 동물의 한살이를 직접 관찰하고, 관찰한 내용을 글과 그림으로 표현할 수 있다. [4과04-02] 식물이 자라는 데 필요한 조건을 찾는 실험을 설계하여 수행할 수 있다. [4과04-03] 생물의 한살이 과정을 조사하여 생물에 따라 한살이의 유형이 다양함을 소개하는 자료를 만들어 공유할 수 있다.
다양한 생물과 우리 생활	버섯과 곰팡이 관찰하기 해캄과 짚신벌레 관찰하기	[4과12-01] 균류 • 원생생물 • 세균을 관찰하여 특징과 사는 곳을 설명할 수 있다. [4과12-02] 균류 • 원생생물 • 세균이 우리 생활에 미치는 영향을 조사하여 발표할 수 있다. [4과12-03] 우리 생활에 생명과학이 이용되는 사례를 소개하는 자료를 만들어 공유할 수 있다.
생물과 환경	양분을 얻는 방법에 따라 생물 요소 분류하기 먹이 관계 모형 만들기	[4과14-01] 생태계의 구성 요소를 조사하여 생물 요소와 비생물 요소로 분류할 수 있다. [4과14-02] 생물 요소들의 먹고 먹히는 관계를 조사하여 먹이그물로 표현할 수 있다. [4과14-03] 인간 활동이 생태계에 미치는 영향을 조사하고, 생태계 보전을 위해 우리가 할 수 있는 일을 토의하여 실천할 수 있다.
우리 몸의 구조와 기능	운동할 때 몸에서 일어나는 변화 관찰하기	[6과04-01] 뼈와 근육의 생김새를 관찰하고 모형을 만들어 몸이 움직이는 원리를 설명할 수 있다. [6과04-02] 소화, 순환, 호흡, 배설 기관의 구조와 기능을 알아보고, 우리 몸의 여러 기관이 서로 관련되어 있음을 설명할 수 있다. [6과04-03] 우리 몸의 여러 기관과 관련된 질병을 조사하고, 건강을 유지하기 위한 생활 방식을 실천할 수 있다.
식물의 구조와 기능	줄기에서 물의 이동 실험하기 광합성 산물 확인 실험하기 증산 작용 확인 실험하기	[6과11-01] 생물을 이루고 있는 기본 단위인 세포를 현미경으로 관찰할 수 있다. [6과11-02] 식물의 각 기관의 구조를 관찰하고, 기능을 알아보는 실험을 수행하여 식물 각 기관의 구조와 기능을 설명할 수 있다. [6과11-03] 여러 가지 식물의 특징을 설명하는 자료를 만들어 공유할 수 있다.

출처: 교육부(2022). 2022 개정 과학과 교육과정 해설서.

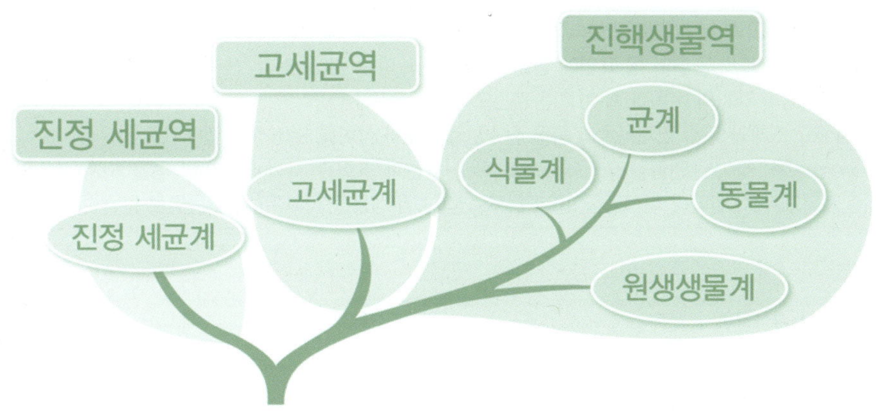

생물 분류 3역 6계

최근에는 생물을 2역 7계로 분류하기도 한다. 원핵생물역에는 세균계와 고세균계가, 진핵생물역에는 동물계, 식물계, 균계, 유색조식물계, 원생동물계가 속한다. 이 체계에서 기존의 원생생물계는 유색조식물계와 원생동물계로 나뉜다. 대부분의 유색조식물계는 이차 공생설에 따라 엽록체에 여러 겹의 막을 가지며 엽록소 a와 c를 포함하고, 단세포와 다세포 생물을 모두 포함한다. 갈조류와 규조류가 이에 해당한다. 원생동물계는 다른 계에 속하지 않는 단세포 종속영양 진핵생물로, 짚신벌레와 아메바가 대표적이다.

〈동물계의 분류 병렬식 검색표〉

1. 몸에 척추가 있다. · · · · · · · · 2 (척추동물)
 – 몸에 척추가 없다. · · · · · · · · 6 (무척추동물)
2. 아가미로 호흡하며, 지느러미 부속지를 갖는다. · · · · · · · · 어류(어강)
 – 폐 또는 피부로 호흡하며, 사지를 갖는다. · · · · · · · · 3 (사지류)
3. 양막을 갖지 않는다. · · · · · · · · 양서류(양서강)
 – 양막을 갖는다. · · · · · · · · 4 (양막류)
4. 변온동물이다. · · · · · · · · 파충류(파충강)
 – 정온동물이다. · · · · · · · · 5
5. 몸에 깃털을 갖는다. · · · · · · · · 조류(조강)
 – 몸에 털이 있으며, 젖을 먹인다. · · · · · · · · 포유류(포유강)
6. 몸은 방사대칭으로 이루어져 있다. · · · · · · · · 자포동물문
 – 몸은 좌우대칭으로 이루어져 있다. · · · · · · · · 7
7. 체강이 없다. · · · · · · · · 편형동물문
 – 체강이 있다. · · · · · · · · 8
8. 몸에는 체절이 없다. · · · · · · · · 9
 – 몸은 체절화 되었다. · · · · · · · · 10
9. 몸에는 가시와 관족이 없고, 외투막이 있다. · · · · · · · · 연체동물문
 – 몸에는 가시와 관족이 있다. · · · · · · · · 극피동물문
10. 몸의 체절은 서로 같은 모양이다. · · · · · · · · 환형동물문
 – 몸의 체절은 융합되어 서로 다른 모양이다. · · · · · · · · 절지동물문

- 체강(體腔, body cavity): 동물의 체벽(體壁)과 여러 내장 사이의 빈 곳
- 관족(管足, tube-foot): 극피(棘皮)동물의 몸 표면에 돌출해 있는 가느다란 관(管)이다. 신축성이 있고, 맨 끝에 흡반이 있어 다른 것에 흡착할 수 있다. 가시의 운동과 협력, 이동기관으로서도 중요하다.
- 외투막(外套膜, mantle): 조개와 같은 연체동물의 몸을 싼 막. 겉면에서 석회를 분비하여 껍데기를 만든다.
- 척삭(脊索, notochord)동물: 척삭은 연골성의 막대 모양으로 신경관과 소화관 사이에 있으며 몸을 지지하는 역할을 한다. 척삭이 나타나는 시기와 위치에 따라 미삭동물(미더덕, 우렁쉥이), 두삭동물(창고기), 척추동물로 분류한다.

〈식물계의 분류 계단식 검색표〉

A1 잎, 줄기, 뿌리의 구별이 있고, 관다발이 있다.
  B1 종자로 번식한다. · · · · · · 종자식물
    C1 밑씨가 씨방에 싸여 있다. · · · · · · 속씨식물
      D1 떡잎이 2장이다. · · · · · · 쌍떡잎식물
      D2 떡잎이 1장이다. · · · · · · 외떡잎식물
    C2 밑씨가 겉으로 드러나 있다. · · · · · · 겉씨식물
  B2 포자로 번식한다. · · · · · · 양치식물
A2 잎, 줄기, 뿌리의 구별이 없고, 관다발이 없다. · · · · · · 선태식물

〈균계의 분류 계단식 검색표〉

A1 균사에 격벽이 없다. · · · · · · 접합균류
A2 균사에 격벽이 있다.
  B1 자낭 포자를 형성한다. · · · · · · 자낭균류
  B2 담자 포자를 형성한다. · · · · · · 담자균류

1. 탐구 일지

1) CHAT 활동체계에 따른 반성적 탐구 일지

(1) 작성 시 유의 사항

- 개인별로 분량은 2쪽 이내로 자필로 작성한다.
- ①~⑨ 내용이 모두 포함되도록 기술한다.
- ①~⑨ 내용을 연결하여 기술한다.

① 나는 어떤 활동에 특히 관심을 가졌는가? (가장 인상적인 부분 사진 한 장 혹은 이미지(그림) 탐구 일지에 제시) ② 이 주제에 대해 활동을 해야 하는 이유는 무엇인가? 이 활동의 목적은 무엇인가? (중요성, 학생관점, 교사관점 등) ③ 나는 세부 활동의 진행에 어떻게 관여하였는가? ④ 나는 활동을 수행하는 데 어떤 도구(tools)를 이용하였는가? ⑤ 우리 조가 활동을 하는 데 규범, 규칙, 규제 등이 있었는가? ⑥ 내가 맡은 역할은 무엇이며 언제 했는가? ⑦ 활동이 이루어지는 데 어떠한 환경(조원들 간의 관계, 물리적 환경)을 구축하였는가? ⑧ 활동으로 도출한(얻은) 산출물은 무엇인가? ⑨ 이번 활동에서의 문제점과 이를 어떻게 개선할 것인가?

반성적 탐구 일지

탐구 주제	
탐구 기간	20 년 월 일 ~ 20 년 월 일

확인	

2) 한살이형 탐구 일지

(1) 작성 시 유의 사항

- ( )Day: ( )안에는 한살이 탐구를 시작한 지 며칠째인지를 적는다.
- 탐구 장소: 탐구를 진행한 장소를 적는다.
- 탐구 일: 탐구를 한 날짜를 적는다. 한살이 한 단계에 대해 지속적으로 관찰이 이루어질 경우 최초 탐구한 날짜와 마지막 탐구한 날짜를 연속하여 적는다.
- 온도, 습도: 온습도계를 이용하여 직접 측정하여 기록할 수도 있고, 직접 측정이 불가능한 경우는 해당 지역의 날씨를 조회하여 기록할 수 있다.
- 탐구 주제: 해당 일에 탐구하는 내용의 주제를 적는다.
- 탐구 대상 스케치: 해당 일의 주된 관찰 대상을 정밀하게 스케치한다.
- 탐구 방법 및 결과: 탐구 주제에 대한 탐구 방법과 결과를(표와 그래프 작성, 해설) 적는다. 한살이 단계별 무엇을 어떻게 탐구해야하는지에 관해서는 교과서 활동을 참고하거나 피드백을 통해 해결한다.
- 문제점 및 반성: 탐구 진행에 따른 시행착오, 오류, 앞으로의 탐구를 위해 개선해야 할 점을 고민하여 적는다.
- 한살이형 탐구는 최소 12일 이상의 일지를 작성한다. 필수 단계는 일지 내용에 반드시 포함되어야 한다.
- 탐구 일지에는 한살이 단계별 특징에 대한 관찰, 측정 등의 내용을 꼼꼼하게 정리한다. 관찰 및 측정 방법은 교과서 활동을 참고한다.

작성 공간이 부족할 경우 별도의 용지(포스트 잇 등)에 작성하여 해당 탐구 일지에 부착한다.

씨가 싹 트는 조건 탐구 Challenge Report

<table>
<tr><td>STEP 1</td><td>탐구 가설</td><td colspan="3"></td></tr>
<tr><td>STEP 2</td><td>실험 설계</td><td colspan="3"></td></tr>
<tr><td rowspan="7">STEP 3</td><td rowspan="6">탐구 결과</td><td></td><td>관찰 날짜/시간</td><td>사진</td></tr>
<tr><td>( )일 차</td><td></td><td></td></tr>
<tr><td>( )일 차</td><td></td><td></td></tr>
<tr><td>( )일 차</td><td></td><td></td></tr>
<tr><td>( )일 차</td><td></td><td></td></tr>
<tr><td>( )일 차</td><td></td><td></td></tr>
<tr><td>후속 탐구 아이디어</td><td colspan="3"></td></tr>
</table>

※ 사진은 반드시 학생증과 함께(직접 탐구 증거사진), 설치(변인통제) 및 발아모습

강낭콩 한살이 달인

단계	관찰 사진 (단계별 2장씩)		일시 & 장소
씨앗 심기			(예) 20xx. .xx. xx. xx시, 거실에서 촬영
(ㄸ)잎 ※초성 완성하기			
(ㅂ)잎 ※초성 완성하기			
( ) ※빈칸 완성하기			
꽃			
(ㄲ ㅌ ㄹ) ※초성 완성하기			

Last Step. 수확의 시간

1. '자신'의 수확을 돌아보는 시간

Q. 나의 강낭콩 수확 개수는?	Q. 수확 개수에 대한 만족도는?
	10% / 20% / 30% / 40% / 50% 60% / 70% / 80% / 90% / 100%

2. '조원'의 수확을 돌아보는 시간

Q. 우리 조원 중에서 강낭콩 한살이 Master는? (※ 1인 이상/ 본인 추천 가능)	

(　　)Day (탐구 일지)					
탐구 장소		**탐구 일**	20 년 월 일 ~ 20 년 월 일	**온도 습도**	
탐구 주제				**확인**	

탐구 대상 스케치

탐구 방법 및 결과

문제점 및 반성

(　　)Day (탐구 일지)					
탐구 장소		탐구 일	20 년 월 일 ~ 20 년 월 일	온도 습도	
탐구 주제				확인	

탐구 대상 스케치

탐구 방법 및 결과

문제점 및 반성

(　　)Day (탐구 일지)					
탐구 장소		**탐구 일**	20　년　　월　　일 ~ 20　년　　월　　일	**온도 습도**	
탐구 주제				**확인**	

탐구 대상 스케치

탐구 방법 및 결과

문제점 및 반성

(　　)Day (탐구 일지)					
탐구 장소		**탐구 일**	20 년 월 일 ~ 20 년 월 일	**온도 습도**	
탐구 주제				**확인**	

탐구 대상 스케치

탐구 방법 및 결과

문제점 및 반성

(　　)Day (탐구 일지)					
탐구 장소		**탐구 일**	20 년 월 일 ~ 20 년 월 일	**온도 습도**	
탐구 주제				**확인**	

탐구 대상 스케치

탐구 방법 및 결과

문제점 및 반성

(　　)Day (탐구 일지)					
탐구 장소		탐구 일	20 년 월 일 ~ 20 년 월 일	온도 습도	
탐구 주제				확인	

탐구 대상 스케치

탐구 방법 및 결과

문제점 및 반성

(　　)Day (탐구 일지)					
탐구 장소		**탐구 일**	20 년 월 일 ~ 20 년 월 일	**온도 습도**	
탐구 주제				**확인**	

탐구 대상 스케치

탐구 방법 및 결과

문제점 및 반성

( )Day (탐구 일지)					
탐구 장소		탐구 일	20 년 월 일 ~ 20 년 월 일	온도 습도	
탐구 주제				확인	

탐구 대상 스케치

탐구 방법 및 결과

문제점 및 반성

(　　)Day (탐구 일지)					
탐구 장소		탐구 일	20 년 월 일 ~ 20 년 월 일	온도 습도	
탐구 주제				확인	

탐구 대상 스케치

탐구 방법 및 결과

문제점 및 반성

(　　)Day (탐구 일지)					
탐구 장소		탐구 일	20 년 월 일 ~ 20 년 월 일	온도 습도	
탐구 주제				확인	

탐구 대상 스케치

탐구 방법 및 결과

문제점 및 반성

(　　)Day (탐구 일지)					
탐구 장소		**탐구 일**	20　년　월　일 ~ 20　년　월　일	**온도 습도**	
탐구 주제				**확인**	

탐구 대상 스케치

탐구 방법 및 결과

문제점 및 반성

(　　)Day (탐구 일지)					
탐구 장소		**탐구 일**	20 년 월 일 ~ 20 년 월 일	**온도 습도**	
탐구 주제				**확인**	

탐구 대상 스케치

탐구 방법 및 결과

문제점 및 반성

(　　)Day (탐구 일지)					
탐구 장소		**탐구 일**	20 년 월 일 ~ 20 년 월 일	**온도 습도**	
탐구 주제				**확인**	

탐구 대상 스케치

탐구 방법 및 결과

문제점 및 반성

2. 개별 탐구 노트

1차 개별 탐구

탐구 일	

탐구 주제	
교과서 단원 및 차시 명	
탐구 기구 및 재료	

탐구 방법

탐구 결과

핵심 과학 개념

현장 적용 Tip

확인	

2차 개별 탐구

탐구 일	

탐구 주제	
교과서 단원 및 차시 명	
탐구 기구 및 재료	

탐구 방법

탐구 결과

핵심 과학 개념

현장 적용 Tip

확인	

3차 개별 탐구

탐구 일	

탐구 주제	
교과서 단원 및 차시 명	
탐구 기구 및 재료	

탐구 방법

탐구 결과

핵심 과학 개념

현장 적용 Tip

확인	

4차 개별 탐구

탐구 일	

탐구 주제	
교과서 단원 및 차시 명	
탐구 기구 및 재료	

탐구 방법

탐구 결과

핵심 과학 개념

현장 적용 Tip

확인	

5차 개별 탐구

탐구 일	

탐구 주제	
교과서 단원 및 차시 명	
탐구 기구 및 재료	

탐구 방법

탐구 결과

핵심 과학 개념

현장 적용 Tip

확인	

6차 개별 탐구

탐구 일	

탐구 주제	
교과서 단원 및 차시 명	
탐구 기구 및 재료	

탐구 방법

탐구 결과

핵심 과학 개념

현장 적용 Tip

확인	

7차 개별 탐구

탐구 일	

탐구 주제	
교과서 단원 및 차시 명	
탐구 기구 및 재료	

탐구 방법

탐구 결과

핵심 과학 개념

현실 적용 Tip

확인	

8차 개별 탐구

탐구 일	

탐구 주제	
교과서 단원 및 차시 명	
탐구 기구 및 재료	

탐구 방법

탐구 결과

핵심 과학 개념

현장 적용 Tip

확인	

9차 개별 탐구

탐구 일	

탐구 주제	
교과서 단원 및 차시 명	
탐구 기구 및 재료	

탐구 방법

탐구 결과

핵심 과학 개념

현상 적용 Tip

확인	

10차 개별 탐구

탐구 일	

탐구 주제	
교과서 단원 및 차시 명	
탐구 기구 및 재료	

탐구 방법

탐구 결과

핵심 과학 개념

현장 적용 Tip

확인	

현미경 사용법 익히기 1

탐구 주제	
탐구 일시	20 년 월 일

확인	

현미경 사용법 익히기 2

탐구 주제	
탐구 일시	20 년 월 일

확인	

비유 활동

목표물	
탐구 일시	20 년 월 일

탐구활동 순환 기관의 생김새와 하는 일 알아보기

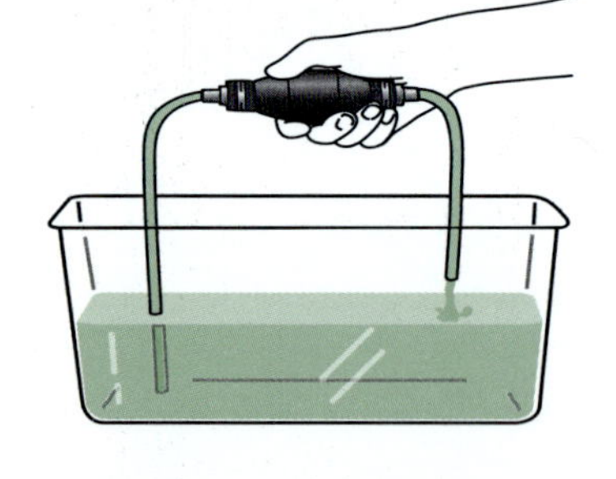

무엇이 필요할까요?

물이 담긴 수조, 붉은색 식용 색소, 주입기(펌프, 관), 순환 기관 모형, 내가 만든 인체 모형, 순환 기관 그림, 호스 달린 펌프

어떻게 할까요?

1. 물이 반 정도 담긴 수조에 붉은색 식용 색소를 넣어 녹입니다.
2. 주입기로 붉은 색소 물을 한쪽 관으로 빨아들이고 다른 쪽 관으로 내보냅니다(호스 달린 펌프를 이용할 수도 있다).
3. 주입기의 펌프를 빠르게 누르거나 느리게 누르면서 붉은 색소 물이 이동하는 모습을 관찰해 봅시다.
4. 주입기의 펌프와 관, 붉은 색소 물은 우리 몸의 어떤 부분과 같은 역할을 하는지 이야기해 봅시다.
5. 순환 기관 모형을 관찰하고 각 기관의 생김새를 이야기 해 봅시다.
6. 순환 기관의 위치를 확인하고 내가 만든 인체 모형에 순환 기관 그림을 붙입니다.
7. 순환 기관이 하는 일을 정리해 봅시다.

*교육부(2019). 우리 몸의 구조와 기능, 6-2 과학 국정 교과서; 2022 개정 검정교과서. 우리 몸의 구조와 기능, 5-1 과학.

비유물 drawing 및 유사특징 투영:

비유 지적:

자유탐구 결과 발표 평가

발표일	20 년 월 일

추천 자유탐구 번호

추천 이유

자유탐구 결과 발표 평가자:

확인	

3. 조별 발표 정리 노트

1조 발표 내용 정리

발표일	

발표자 (학과/이름)	
발표 주제	

발표 차시 학습 목표

아동 실태의 시사점

교과서 주요 내용 및 개선점

발표 내용의 문제점 & 배운점

교사가 갖추어야 할 과학 지식(이것만은 꼭!)

확인	

2조 발표 내용 정리

발표일	

발표자 (학과/이름)	
발표 주제	

발표 차시 학습 목표

아동 실태의 시사점

교과서 주요 내용 및 개선점

발표 내용의 문제점 & 배운점

교사가 갖추어야 할 과학 지식(이것만은 꼭!)

확인	

3조 발표 내용 정리

발표일	

발표자 (학과/이름)	
발표 주제	

발표 차시 학습 목표

아동 실태의 시사점

교과서 주요 내용 및 개선점

발표 내용의 문제점 & 배운점

교사가 갖추어야 할 과학 지식(이것만은 꼭!)

확인	

4조 발표 내용 정리

발표일	

발표자 (학과/이름)	
발표 주제	

발표 차시 학습 목표

아동 실태의 시사점

교과서 주요 내용 및 개선점

발표 내용의 문제점 & 배운점

교사가 갖추어야 할 과학 지식(이것만은 꼭!)

확인	

5조 발표 내용 정리

발표일	

발표자 (학과/이름)	
발표 주제	

발표 차시 학습 목표

아동 실태의 시사점

교과서 주요 내용 및 개선점

발표 내용의 문제점 & 배운점

교사가 갖추어야 할 과학 지식(이것만은 꼭!)

확인	

6조 발표 내용 정리

발표일	

발표자 (학과/이름)	
발표 주제	

발표 차시 학습 목표

아동 실태의 시사점

교과서 주요 내용 및 개선점

발표 내용의 문제점 & 배운점

교사가 갖추어야 할 과학 지식(이것만은 꼭!)

확인	

7조 발표 내용 정리

발표일	

발표자 (학과/이름)	
발표 주제	

발표 차시 학습 목표

아동 실태의 시사점

교과서 주요 내용 및 개선점

발표 내용의 문제점 & 배운점

교사가 갖추어야 할 과학 지식(이것만은 꼭!)

확인	

8조 발표 내용 정리

발표일	

발표자 (학과/이름)	
발표 주제	

발표 차시 학습 목표

아동 실태의 시사점

교과서 주요 내용 및 개선점

발표 내용의 문제점 & 배운점

교사가 갖추어야 할 과학 지식(이것만은 꼭!)

확인	

배추흰나비 한살이 발표내용 정리

발표자 (학과/이름)	
발표 주제	

1. 배추흰나비 알 채집 방법을 알아봅시다.

2. 배추흰나비의 먹이를 알아봅시다.

3. 배추흰나비 사육 상자를 꾸밀 때 유의점을 알아봅시다.

4. 배추흰나비 알과 애벌레의 특징을 정리해 봅시다.

구분	알	애벌레
특징		

5. 애벌레가 자라는 과정을 정리해 봅시다.

1령	
2령	
3령	
4령	
5령	

6. 번데기의 생김새와 특징을 정리해 봅시다.

겉모양	
색깔	
크기, 변화(자람)	

7. 배추흰나비(어른벌레)의 각 부분을 관찰하고 각 부위의 이름을 적어 봅시다.

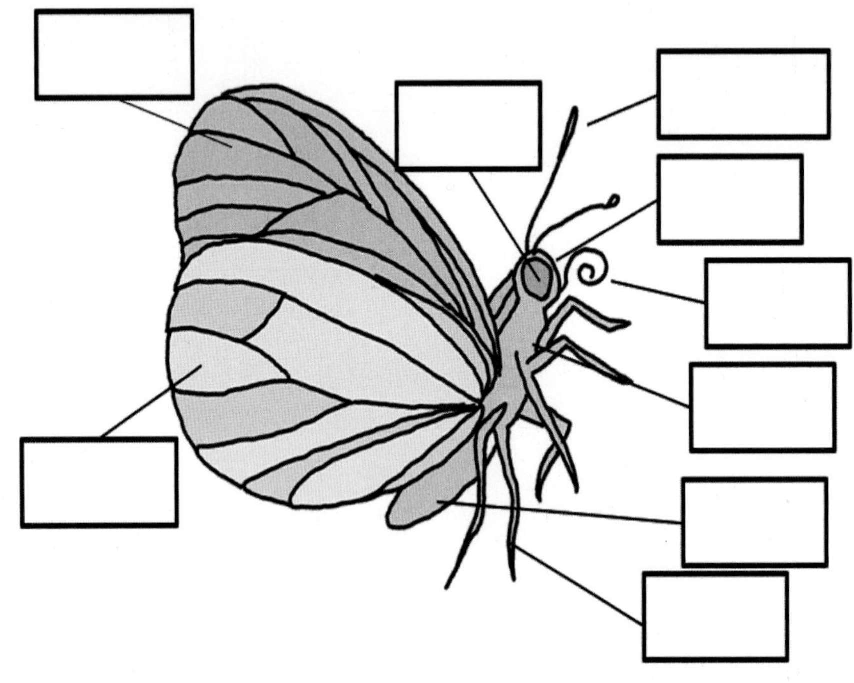

곤충의 특징	
암수 구별	

8. 배추흰나비의 한살이 과정(기간)을 정리해 봅시다.

9. 완전 탈바꿈과 불완전 탈바꿈을 비교해 봅시다.

10. 나비와 나방의 차이점을 정리해 봅시다.

나방	나비

참고문헌

강경리(2014). 다문화 과학교육 프로그램의 운영 현황 분석. 현장과학교육, 8(3), 280-299.

강상(2012). Sandler의 그림일기 절차에 따라 풍속화를 활용한 과학교육이 유아의 과학적 능력에 미치는 효과. 어린이문학교육연구, 14(3), 137-155.

권재술, 김범기, 우종옥, 정완호, 정진우, 최병순(1998). 과학교육론. 서울: 교육과학사.

교육부(2015). 과학과 교육과정. 교육부.

교육부(2019). 과학 5-1 교사용 지도서. 교육부.

교육부(2019). 6-1 과학 교과서. 교육부.

교육부(2019). 6-2 과학 교과서. 교육부.

교육부(2020). 인공지대시대 교육정책방향과 핵심과제. 교육부.

교육부(2021). 2022 개정 교육과정 총론 주요 시안. 교육부.

교육부(2022). 2022 개정 과학과 교육과정. 교육부.

권용주, 정진수, 강민정, 박윤복(2005). 생명현상에 대한 초·중등 과학교사의 관찰에서 나타난 과학적 관찰의 유형. 한국과학교육학회지, 25(3), 431-439.

김동렬(2010). 발견 학습 모형을 적용한 초등학교 과학 수업의 상호작용 유형 분석 -'생명'영역의 수업을 중심으로-. 한국생물교육학회지, 38(2), 298-308.

김동렬(2012). 과학 교수에 대한 초등 현직교사와 예비교사의 인식 분석. 생물교육, 40(1), 47-60.

김동렬(2014). Fishbone Diagram을 활용한 탐구수업이 중학생들의 학업 성취도와과학 글쓰기에 대한 태도에 미치는 영향. 생물교육, 42(2), 178-193.

김동렬(2016). 초등 예비교사들의 과학 교과서 삽화를 해석하는 관점 분석. 생물교육, 44(1), 1-12.

김동렬(2017a). 초등 예비교사들의 과학 교수에 대한 신념, 테크놀로지 교수내용지식(TPCK) 자신감 및 이들 간의 관계 분석. 예술인문사회융합멀티미디어논문지, 7(7), 1-15.

김동렬(2017b). 4MAT 모델을 적용한 생물 탐구수업이 초등 예비교사들의 생물학 자기효능감과 수업에 대한 인식에 미치는 영향. 한국생물교육학회, 45(1), 1-15.

김동렬(2018). 미국 초등교사의 과학교수에 대한 스토리라인 탐색. 초등과학교육, 37(4), 402-415.

김동렬(2018). 초등 예비교사들과 현직교사들의 과학 오개념에 관한 지식과 교정 전략에 대한 관점. 수산해양교육연구, 30(2), 395-408.

김동렬(2019). 초등 예비교사들의 '배추흰나비 한살이' 탐구에서 나타난 지식변환 유형 탐색. 초등과학교육, 38(4), 484-495.

김동렬(2020). 4On's 기반 융합 과학활동의 이론과 실제 -아이들을 운전석에 앉히기-. 서울: 교육과학사.

김동렬(2021a). 초등 예비교사의 과학학습 동기 유형에 따른 과학 배움 과정 탐색. 초등과학교육, 40(2), 127-144.

김동렬(2021b). 과학 교사 교육자의 역할에 대한 야누스적 관점으로 전환하기. 생물교육, 49(1), 1-14.

김동렬(2021c). COVID-19 펜데믹 전후 생명영역 과학교과교재연구및지도법 수업 프로그램 변화에 따른 초등 예비교사의 과학 학습 소속감 분석. 교육논총, 41(1), 1-21.

김동렬, 문두호, 손연아(2006). 중등 생물 교육에서 ARCS 수업 실태 및 교사의 인식 조사를 통한 동기 유발 전략의 수업 적용 방안 탐색. 한국생물교육학회지, 34(2), 185-200.

김동렬(2022). CHAT를 활용한 초등 예비교사들의 광합성 실험활동 체계 분석. 경인교육대학교 교육연구원 교육논총, 42(1), 19-35.

김동렬(2023b). 초등학생들의 과학 '측정' 활동에 나타난 불확실성 원인과 감소 행동 분석. 수산해양교육, 35(2), 339-351.

김동렬(2023a). 자산어보(玆山어보)를 활용한 초등 예비교사의 과학 관찰 묘사법 교육을 위한 프로그램 개발. 수산해양교육연구,

35(2), 315–328.

김동렬(2023c). 근거이론 방법론을 바탕으로 한 초등 과학교육에서 경계넘기와 경계물의 의미 탐색. 초등과학교육, 42(2), 367–384.

김동렬(2023d). 초등교사의 문제 해결력 수준에 따른 과학수업에서 불일치 상황의 사용 방향 탐색. 생물교육, 51(1), 22–34.

김동렬(2024). 초등 예비교사들의 포토보이스 활동을 통한 4차 산업혁명 시대 교육과정 관점 탐색 –'검치호랑이 교육과정'의 세 가지 관점을 바탕으로–. 초등과학교육, 43(2), 219–232.

김진영, 박종삼, 이상일, 이순자, 김연희, 하윤희, 이정은(2012). 2012년 STEAM 교사연구회 결과 보고서: 일반계 고등학교에서 활용 가능한 교과 중심의 STEAM 프로그램 개발과 적용. 한국과학창의재단.

김현경, 임희준(2019). TIMSS 2019의 4학년 과학 평가틀과 우리나라 과학 교육과정과의 관련성 비교. 학습자중심교과교육연구, 19(21), 497–516.

문두호, 박명순, 김동렬(2009). PBL을 적용한 환경 수업이 중학생들의 환경에 대한 태도와 지역 생태 및 환경 문제의 관심도에 미치는 효과. 환경교육, 22(1), 56–67.

변영계, 김경현(2005). 수업장학과 수업분석. 서울: 학지사.

서춘선(2003). GI(Group Investigation) 모형을 적용한 창작 수업 효과. 한국음악교육학회, 24(1), 21–47.

양미선, 민병미, 손연아, 김동렬(2012). 예비 과학교사가 중학교 과학수업에서 겪는 어려움 분석 : 과학수업모형과 탐구 과정요소 적용을 중심으로. 교원교육, 28(2), 143–163.

이회란(2008). 초등과학에서 '자유탐구'의 교수학습 방법 및 평가 방안 모색. 부산대학교 교육대학원 석사학위논문.

정진규, 김영민(2016). 초등학생들의 과학적 모델 사용 활성화를 위한 인포그래픽 수업의 효과. 한국과학교육학회지, 36(2), 279–293.

한국과학창의재단(2019). 모든 한국인을 위한 과학적 소양 미래세대 과학교육표준안. 한국과학창의재단.

한국과학창의재단(2020). 제4차 과학교육 종합계획(2020~2024). 한국과학창의재단.

황준욱, 유승호, 김윤태(2009). 창의성에 관한 11가지 생각. 서울: 고려대학교 출판부.

Albion, P., Jamieson-Proctor R., & Finger, G. (2010). Auditing the TPACK Competence and Confidence of Australian Teachers: The Teaching With ICT Audit Survey (TWictAS), Paper presented at the Society for Information Technology & Teacher Education International Conference (SITE), San Diego, Alifornia, March 29-April 2.

Barlia, L. (2016). Patterns of conceptual change process in elementary school students'learning of science. *Journal of Turkish Science Education, 13*(2), 49-60.

Beijaard. D., Van Driel, J. H., & Verloop, N. (1999). Evaluation of story-line methodology in research on teachers'practical knowledge. *Studies in Educational Evaluation, 25*(1), 47-62.

Bell, S. (1999). A Beginner's guide to uncertainty of measurement. measurement good practice guide No. 11 (Issue 2), Reproduced by permission of the Controller of HMSO.

Chen, Y, K., & Wang, J. H. (2016). Analyzing with posner's conceptual change model and toulmin's model of argumentative demonstration in senior high school students'mathematic learning. *International Journal of Information and Education Technology, 6*(6), 457~464.

Engeström, Y. (1987). *Learning by expanding. An activity-theoretical approach to developmental research*. Helsinki: Orienta-Konsultit.

Floden, R. E., & Buchman, M. (1993). Between routines and anarchy: Preparing teacher for uncertainty. *Oxford Review of Education, 19*(3), 373-382.

Floden, R. E., & Clark, C. M. (1988). Preparing teachers for uncertainty. *Teachers College Record, 89*(4), 505-534.

Graham, C. R., Burgoyne, N., Cantrell, P., Smith, L. St., Claire, L., & Harris, R. (2009). TPACK development in science teaching: Measuring the TPACK confidence of inservice science teachers. *TechTrends, 53*(5), 70-79.

Gowin, D. B., & Alvarez, M. C. (2005). *The art of education with V diagrams*. Cambridge University, NY.

Guzey, S. S., & Roehrig, G. H. (2009). Teaching science with technology: Case studies of science teachers'development of technology, pedagogy, and content knowledge. *Contemporary Issues in Technology and Teacher Education, 9*(1), 25-45.

Harrison, A. G., & Coll, R. K. (2007). *Using analogies in middle and secondary school science classrooms: The FAR Guide-An interesting way to teach with analogies*. Thousand Oaks, CA: Corwin Press.

Hewson, P. W. (1996). Improving teaching and learning in science and mathematics, teachers college, teaching for conceptual change. Columbia University.

Hyman, R. T. (1975). *School Administrator's Handbook of Teacher Supervision and Evaluation Methods.* Englewood Cliffs, N.J.: Prentice-Hall.

Hyman, R. T. (1979). *Strategic Questioning. Englewood Cliffs*, N.J.: Prentice Hall.

Hyman, R. T. (1980). *Improving Discussion Leadership*. New York: Teachers College Press.

Kapyla, M. (2014). A phenomenogical view of pictures in teaching and a novel method of analysing them. *Nordic Studies in Science Education, 10*(2), 231-242.

Keller J. M., & 송상호(1999). *매력적인 수업 설계*. 서울: 교육과학사.

Kim (2018). A study on the influence of korean middle school student's relationship throuch science class applying STAD cooperative learning. *Journal of Technology and Science Education, 8*(4), 291-309

Kim, D. (2019). Analyzing Korean elementary school teachers' arm muscle models as scientific models. *Journal of Turkish Science Education, 16*(1), 34-47.

Koehler M. J., & Mishra, P. (2009). What is technological pedagogical content knowledge (TPACK)?. *Contemporary Issues in Technology and Teacher Education, 9*(1), 60-70.

Latz, A. O., Phelps-Ward, R., Royer, D., & Peters, T. (2016). Photovoice as methodology, pedagogy, and community building tool: A graduate and community college student collaboration. *Journal of Public Scholarship in Higher Education, 6*(2), 124-142.

McCarthy, B. (1987). *The 4MAT System: Teaching to Learning Styles with Right/Left Mode Techniques*. Barrington: Excel Inc.

McCarthy, B. (2000). *About Teaching 4MAT in the Classroom*. Illinois: About Learning Inc.

Melville, W., & Pilot, J. (2014). Storylines and the acceptance of uncertainty in science education. International *Journal of Environmental & Science Education, 9*(4), 353-368.

Michaelsen, L. K., Knight, A., & Fink, L. D. (2002). *Team based learning: a transformative use of small groups in college teaching. Westport* (CT): Praeger. 이영민, 전도근 (역). (2009). *팀 기반 학습*. 서울: 학지사.

Mwanza, D., & Engestrom, Y. (2003). *Pedagogical adeptness in the design of e-learning environments: Experiences from Lab@Future project*. Proceedings of E-Learn 2003 International Conference on E-Learning in Corporate, Government, Healthcare, & Higher Education, Phoenix, AR.

National Research Council [NRC] (2000). *Inquiry and the national science education standards*. Washington, DC: National Academy Press, USA.

Nonaka, I., & Konno, N. (1998). The concept of "ba": Building a foundation for knowledge creation. *California Management Review, 40*(3), 40-54.

Nonaka, I., & Takeuchi, H. (1995). *The knowledge-creating company. How Japanese companies create the dynamics of innovation*. Oxford University Press, Oxford.

Novak, J. D. (1998). *Learning, creating, and using knowledge: Concept maps as facilitative tools in schools and corporations. Mahwah.* NJ: Lawrence Erlbaum Associates.

Novak, J. D. (1984). Application of advances in learning theory and philosophy of science to the improvement of chemistry teaching. *Journal of Chemical Education, 61*(7), 607-612.

Novak, J. D., & Gowin, D. B. (1984). *Learning How to learn*. Cambridge, UK: Cambridge university Press.

Peddiwell, J. A. (1995). *교육에 관한 우화 검치호랑이 교육과정.* (김복영, 김유미 역). 서울: 양서원. (원저출판, 1935).

Polanyi, M. (1958). *Personal knowledge: Towards a post-critical philosophy.* University of Chicago Press, Chicago.

Posner, G. J., Strike, K. A., Hewson, P. W., & Gertzog, W. A. (1982). Accommodation of a scientific conception: Toward a theory of conceptual change. *Science Education, 66*(2), 211-227.

Pozzer, L. L., & Roth, W. (2003). Prevalence, function, and structure of photographs in high school biology textbooks. *Journal of Research in Science Teaching, 40*(10), 1089-1114.

Reigeluth, C. M. (1983). Meaningfulness and instruction : Relating what is being learned to what a student knows. *Instructional Science, 12*(3), 197-218.

Sharan, Y., & Sharan, S. (1992). *Expanding cooperative learning through group investigation*. New York: Teacher's College Press.

Sutman, F. X., Schmuckler, J. S., & Woodfield, J. D. (2008). *The science quest: using inquiry/discovery to enhance student learning*, Grades 7-12. San Francisco, CA, Jossey-Bass.

Trowbridge, L. W., Bybee, R. W., & Powell, J. C. (2008). *Teaching secondary school science: Strategies for developing scientific literacy* (9th ed.), Upper Saddle River, NJ: Prentice Hall, USA pp. 202-204.

Tsai, C, C. (2000). Enhancing science instruction: The use of 'conflict maps'. *International Journal of Science Education, 22*(3), 285 302.

Wang, C., & Burris, M. A. (1997). Photovoice: concept, methodology, and use for participatory needs assessment. *Health Education & Behavior, 24*(3), 349-387.

White, R. T., & Gunstone, R. F. (1992). *Probing understanding*. London The Falmer Press.

Witkin, H. A., & Goodenough, D. R. (1981). *Cognitive styles: Essence and origin.* New York: International Universities.

찾아보기

저자 소개

김동렬(Kim Dongryeul)

현재 대구교육대학교 과학교육과 교수로 재직 중이다. 10년간 고등학교 과학교사로 근무하였고, 이러한 교직 경험을 바탕으로 집필한 저서로는 『실행연구 중심의 초등 생물 교재 연구 및 개발』(부크크, 2025), 『교사를 위한 논문 쓰기 실습서』(부크크, 2024), 『기초 생명과학 실험』(교육과학사, 2023), 『4On's 기반 융합과학활동의 이론과 실제』(교육과학사, 2020), 『차별화된 과학수업 전략』(도서출판 신정, 2016), 『과학교육연구방법의 시작에서 완성까지』(도서출판 신정, 2015) 등이 있으며, 역서로는 『포토보이스 연구방법』(학지사, 2018), 『질적연구에서 아동·청소년 면담 조사방법』(학지사, 2017), 『과학을 가르치기 위한 창의적인 방법들』(창지사, 2015) 등을 출간하였다. 또한 다양한 연구방법을 적용한 과학교육연구 논문들을 발표하였으며(KCI, SSCI, SCOPUS 저널), 미국 애리조나 대학에서 연구학자로 지내면서 양적 · 질적 · 혼합 연구방법을 적용한 과학교육연구에 참여하였다.

4판

내 손으로 구성하는 초등 과학교육

초 판 1쇄 발행 2020년 8월 14일
초 판 2쇄 발행 2021년 8월 20일
제2판 1쇄 발행 2022년 3월 7일
제3판 1쇄 발행 2024년 3월 5일
제4판 1쇄 발행 2026년 3월 6일

지 은 이 | 김동렬
펴 낸 이 | 김기섭
책임편집 | 이윤희
펴 낸 곳 | 창지사 www.changjisa.com
08589 서울시 금천구 가산디지털 1로 83 파트너스타워 1차 9층
전화(02) 719-2211~3
팩스(02) 701-9386
등 록 | 1977년 4월 28일·제1-421호

ISBN 978-89-426-1979-5 (93370)

값 20,000원